秩序、失序与战争

社会适应与社会信任

[英] 罗伯特·莱顿 著
魏澜 纳日碧力戈 译

本书获得
内蒙古自治区高校人文社会科学民族学重点研究基地资助出版

诚挚地感谢以下学者对本书有益的指正：Frances d'Souza；Chris Hann 和 Julia Eckert 对第一章的点评；Rob Aspden 对第二章的点评；Elizabeth Chilton 对第四章的点评。三位匿名评审富有建设性的意见也帮助本书更加易读。这里大部分的文献研究都是我在位于德国哈勒（Halle）的马克斯·普朗克社会人类学所担任访问学者期间进行的，因此我要再次感谢 Chris Hann 及其同事们的帮助和建议。

中文版前言

2006年,我在中国的田野调查刚刚开始,《秩序、失序与战争》英文版出版了。这本书的灵感来自我早期的田野调查:首先,我在就读博士期间研究了欧洲农村的社会变革;其次,我在澳大利亚了解狩猎采集者如何调整他们的社会策略,以便适应环境。然而,2005—2017年与山东工艺美术学院、2014—2016年与中国艺术研究院艺术人类学研究所的同事们合作进行的中国研究,帮助我更深入地思考马克思主义社会变迁理论,思考是什么让乡村生活中的互助合作持续下去。

我非常感谢魏澜提议将《秩序、失序与战争》翻译成中文,感谢纳日碧力戈教授接受她的提议,合作翻译这本书;也感谢魏澜在自己的博士研究中运用这本书的一些思想,研究一个华南村庄的社会变迁。

《秩序、失序与战争》研究位于家户和国家之间的社会组织。本项研究以欧洲哲学家提出的看法为出发点:群居是人类本性吗?或者独居才是人类本性(除非被某种压倒性力量捆绑在一起)?

英国内战(1642—1651)和法国大革命(1789—1799)挑战了据

称国王拥有所谓神圣统治权的欧洲封建专制国家。哲学家们开始自问，人类社会的自然状态是怎样的。有些人试图通过逻辑推理来回答这个问题，把已知的人类状况与其相反状况对立起来，假设人类天生是独居的，并推测是何种可能的条件让人们聚到一起。在生物学理论中，达尔文把个体作为自然选择发生作用的单位，这一观点被证明是卓有成效的，因为它是可以被观察到的经验，而且提供了强有力的解释。在社会理论中，以个体为分析单位的研究并不那么富有成效，至今还不存在由独居个体构成人群的已知个案。即使是狩猎采集者也会建立社交网络，以便获得他们可以依赖的朋友和亲戚的帮忙。托马斯·霍布斯（Thomas Hobbes）的理论认为，若没有统治者，人们的生活将陷入"孤独、贫穷、肮脏、野蛮与短暂"之中，尽管右翼评论员将继续引用这个观点，但我希望在这本书中证明，他们对冲突的解释是值得怀疑的。

约翰·洛克（John Locke）和亚当·弗格森（Adam Ferguson）则持相反的观点，认为我们是理性人，人的自然状况是群居。正如弗格森在 1767 年写道："人以群聚，维系生存"。本书正是基于这样一个前提，即人类始终是理性的社会存在。事实上，与我们亲缘关系最近的现存物种［例如黑猩猩和倭黑猩猩（或"侏儒黑猩猩"）］的社会生活中，也可以看到这些特征。即使在最恶劣的条件下，比如纳粹集中营，人们也会试图通过建立社会关系来改善自己的状况。

这本书的第二个灵感来自 20 世纪 90 年代，东欧剧变引发的一系列关于社会制度理性安排的类似辩论。西方右翼评论员声称，国家社会主义的崩溃证明了资本主义是建立稳定社会制度的唯一基础。一些人，如欧内斯特·盖尔纳（Ernest Gellner）和亚当·塞利格曼（Adam Seligman）甚至认为，只有当社会开始告别自在习俗的传统形式,接触到市场交换理性的时候,理性思维才可能出现。我在攻读博士学位期间,研究了法国地区具有数百年传统的生产合作社和村社土地集体管理制度,我对其稳定性的亲身体验,否定了只有自由市场和个人财产所有权才能带来社会稳定的那种说法。

从关于社会秩序的广义哲学命题出发,进入可检验的理论,我综合运用了查尔斯·达尔文(Charles Robert Darwin)和卡尔·马克思(Karl Marx)的理论,尝试解释存在于家户和国家之间的社会关系的稳定性和变迁性。我必须强调,在借鉴达尔文和新达尔文主义的观点时,我不为人类社会行为生物决定论辩护,而是将这两个方面并置起来:一方面是人类能动性的合理使用可以实现的结果;另一方面是在达尔文主义进化过程中随机遗传变异的结果。自20世纪50年代以来,这个领域已经有大量研究。

达尔文主义

达尔文主义的核心论点是,种群的不同个体为了实现生存目标,会采用略有不同的办法;在种群的生存条件下,那些策略最成功的个体将生育更有生命力的后代。几代人之后,最成功的策略将在种群中取得优势。然而,没有任何一种适应是完美的,每种策略的成功与否都取决于当下的环境和条件;如果环境发生变化,另一种策略可能会更有效。

达尔文在"贝格尔号"(H. M. S. Beagle)上航行时遇到的例证之一,对他的理论发展特别有影响。1835年,达尔文在厄瓜多尔海岸外的加拉帕戈斯群岛上发现了几种生活在不同岛屿上的雀鸟。有的雀鸟的喙又宽又结实,可以打开种子;有的雀鸟的喙则又窄又精细,可以用来捕捉昆虫;还有许多雀鸟的喙则是介于两者之间的

1. 大地雀 2. 中地雀 3. 小嘴地雀 4. 阿列布莺雀
加拉帕戈斯群岛的雀类

达尔文：《博物学家环球航行》插图

中间形状。达尔文的结论是，尽管每个物种都有一个共同的祖先，但它们已经适应了岛屿栖息地上的主要食物来源。因为岛屿的生态环境不同，所以最常见的食物来源也不同。当所有的雀鸟都没有足够的食物时，那些喙的形状最适合岛上可获食物的个体，生命力旺盛，比其他个体可以繁衍更多的后代。1976年当某个岛屿发生旱灾时，他的假设得到了证明。动物学家彼得（Peter）和罗斯玛丽·格兰特（Rosemary Grant）发现，拥有最坚硬的种子的植物存活得最好，而喙较大的食籽雀的个体数量增加，与此同时，以较小而精的种子为食的雀鸟因进化出喙较小，个体数量则减少了（en.wikipedia.org/Peter_and_Rosemary_Grant，访问日期：2021年1月30日）。

尽管达尔文很清楚许多动物物种生活在社会群体中，但他的理论认为，最密切相关的个体之间对资源的竞争将是最激烈的，这一理论阻碍了他去解释社会生活是如何进化的。这是达尔文最靠谱的一次解释：他在孩子们的帮助下，研究房后野地里的蜜蜂和花。田野里有两种活跃的蜂：小蜜蜂（honey bee）和大黄蜂（bumble bee）。孩子们帮助他找到蜂群，他们发现小蜜蜂会到一种三叶草中采蜜，而大黄蜂到另一种三叶草中采蜜。当达尔文仔细观察时，他发现每一种蜂都会选择那些最适合它们的口器采蜜的花。达尔文推断，对蜂最有吸引力的花会更频繁地被授粉，繁殖成功率最高；口器最有效的蜂收集的营养最多，繁殖也更有效。"因此，"他写道，"我能理解一朵花和一只蜜蜂是如何以最完美的方式，同时或相继慢慢地发生变异并互相适应"[《物种起源》（第6版）第75页]。这个过程现在被称为协同进化。在自然界中，并非所有的协同进化案例都是建立在良性互动的基础上的。对红桃皇后假说（van Valen，1973）追根溯源，在小说《爱丽丝梦游仙境》中，红桃皇后对爱丽丝说："在这里，你想要待在同一个地方，就必须跑。"它解释了捕食者与猎物的协同进化，有更多马克思主义色彩。红桃皇后假说模拟了捕食者和猎物的协同进化：在任何同代中，只有速度更快的猎豹可以捕捉到足够的瞪羚来喂养自己的幼崽；同时，也只有速度更快的瞪羚可以逃脱追捕，喂养自己的幼崽，这样就形成了越来越特化的螺旋性适应。

协同进化为社会进化理论提供了一个起点，潜在地促成了达尔文理论和社会理论之间的对话。社会进化理论模型在生物学和社会科学之间双向传输。在生物学中，达尔文和范·瓦伦（van Valen）确定的物种个体组合之间的相互作用类型，被概括为"适应度景观"的概念；这是一个复杂的系统，在这个系统中，每一个有机体和每一个种群都是环境的一部分，它们相互影响，相互作用，互相施加选择压力。"适应度景观"的概念最初是由生物学家休厄尔·赖特

(Sewall Wright)于1932年提出(*Proceedings of the Sixth Congress of Genetics*,1:356—366),并于1982年由理查德·纳尔逊(Richard Nelson)和西德尼·温特(Sidney Winter)应用于经济学。另一方面,博弈论最初由约翰·冯·诺依曼(John von Neumann)和摩根斯坦(Morgenstern)于1953年在经济学领域提出,1982年由梅纳德·史密斯(Maynard Smith)转用于生物学。

社会理论

达尔文是一位自然科学家,他对物种中的有机体个体之间的变异感兴趣,而马克思是一位社会科学家,对人类社会的集体过程感兴趣。尽管达尔文自然选择的有效性只能根据有机体的特定环境来判断,但马克思坚持19世纪标准的进化观,认为进化是一种进步的力量,从简单走向复杂。然而,马克思是第一个确定社会动力学的人,这种动力实际上导致了一种社会向另一种社会的转型,特别是从封建主义向资本主义的转型。

经济学家亚当·斯密(Adam Smith)对马克思产生了重要影响。尽管《国富论》(1776)成书时工业革命即将开始,但它研究的是商业资本主义。斯密认为,在曾经的市场上,人们可以专门生产最符合自己才艺的商品,社会关系是通过交换产生的。尽管斯密也承认金钱使人拥有购买他人劳动的权力(1976年再版的第47页),但他仍然认为,"在一个治理良好的社会中,获得商品的欲望带来惠及下层民众的普遍富裕"(第22页)。斯密有句名言:"我们不能期待屠夫、酿酒师或面包师出于仁慈为我们提供晚餐,而只能期待他们出于自身利益为我们提供晚餐"(第27页)。换句话说,他们用自己制作的东西换取他们需要的其他商品,而我们作为其他商品的生产者都能从中受益。

2005年,当我开始在山东研究传统艺术时,我非常惊喜地发现,一些特定的村庄专门从事特定工艺品的制作,比如木刻画、玩偶制作或葬礼模型等。专业化这一事实,意味着他们的声誉提高了,买家知道在哪里可以找到他们想要购买的工艺品。我还发现,因为男人一生都待在他们出生的村庄里,所以男人的艺术成为某些村庄的特色。妇女把她们从母亲那里学到的技能,如棉织或剪纸,带到她们丈夫的村庄,使妇女的艺术得到更广泛的传播。后来,当我进行背景阅读时,我从甘博(Sidney Gamble)1954年的研究《定县:华北乡村社区》(*Ting Hsien: A North China Rural Community*)中了解到,我所看到的模式是20世纪20年代和30年代一个较复杂系统的遗绪。甘博的表32(1954:97)列出了1928年一个县中,他和中国合作研究人员统计列出的所有家庭产业。各个村庄专门从事例如,制作盒子、扫帚、水桶、鞭炮、香肠肠衣、鞋子、肥皂或甜品,当地市场平均每天接待2 000至3 000名游客。在此之前,我一直倾向于认为亚当·斯密对传统社会的研究是基于他自己的想象(事实上,在很大程度上是这样的),但甘博证明,生产者之间的交流可以大规模进行。

马克思在斯密之后一个世纪著书立说,他可以清楚地看到,亚当·斯密75年前预言的普遍富裕并没有惠及最低阶层的人。相反,英国的工业革命大大增加了贫穷和困苦。城市贫民区一个房间里住着十个甚至更多的人,八岁的孩子在工厂里工作,一天的工作时间在十到十五个小时之间。马克思很清楚,生产方式和交换方式发生了根本性的变化。

因此,马克思区分了两种交换,一种是斯密的例子中所描述的生产者之间的直接交换,生产者把他们生产的商品以货币交换给想要它们的人;另一种是资本主义,资本主义对交换的商品的性质不感兴趣,资本家只想牟利,把商品的价格卖得比购入时的更高。机器可以比工匠更廉价、更大量地生产商品,从商业资本主义向工业资本主义的转变致使手工业者失业,迫使他们把劳动力卖给拥有工厂的资本家。

正如马克思(在《政治经济学批判》的序言中)所说的:"人们在自己生活的社会生产中发生一定的、必然的、不以他们的意志为转移的关系。"[1]社会学家安东尼·吉登斯(Anthony Giddens,1984:173)改述了马克思的解释,他写到,没有他人的帮助,人们很难实现自己的目标,社会中的权力分配既制约互动,也促成互动。

因此,我们得到了一个稳定系统的模型(斯密:人们只生产够满足自己需求的东西)和一个不稳定系统的模型(马克思:资本家被牟利的机会所驱使)。马克思对资本主义的动态作了精彩的描述,他明白其他社会形态会有不同的互动态势,但他对其他类型的社会几乎一无所知,只能勾勒出它们可能存在的互动态势。所以这就不奇怪,他未能对狩猎采集社会的互动态势作出同样有见地的解释。对他来说,这些都是"原始人类状态"的例子,一种几乎不需要解释的自然状态。因此,令人兴奋的是,发现平等主义的狩猎采集者的策略,实际上是对他们生活的特定环境的巧妙的社会适应。其中有些策略也存在于农民社会。

20世纪初,生产合作社在中国很流行。1934年6月,定县共

---

[1] 马克思:《政治经济学批判〈序言〉》,载中共中央马克思恩格斯列宁斯大林著作编译局编:《马克思恩格斯选集》(第二卷),人民出版社1972年版,第82页。——译者注

有 22 个合作社(Gamble，1954：271)。1936 年,著名的中国人类学家费孝通(见他的《江村经济》,1983)选择了华南村庄进行实地考察,因为他的姐姐正在那个村庄帮助当地农民经营一家合作制缫丝厂。这样的合作社一直持续到 1956 年左右。我们采访过的一些乡村艺术家认为,振兴合作社是有益的,这样,社员们就可以联合起来批量购买原材料,直接与他们的作品的使用者谈判销售。对于集体所有或集体管理资源可以取得成功的具体条件,我们现在已经有了更多的理解,这肯定有助于我们实现这一目标。

使用诸如"适应度景观"之类的概念,以及在博弈论中发展出来的分析方法,可以让我们对社会的稳定与不稳定有更细致的理解,我将在本书中使用这些概念。

罗伯特·莱顿
英国杜伦大学荣休教授
山东工艺美术学院名誉教授

目 录

中文版前言 / 1

导论 / 1

第一章 市民社会与社会团结 / 8
  关于市民社会 / 8
 定义市民社会 / 10
  市民社会与欧洲国家 / 11
  功能与历史 / 12
  市民社会必须和国家打交道吗？/ 15
  市民社会导致分裂还是促进统一？/ 17
  非现代的市民社会 / 19
 洛克和弗格森："市民社会"概念的起源 / 22
  启蒙时代的政治思想 / 22
  进化就是进步？/ 28

自利与社会关系 / 29
前现代欧洲的市民社会 / 31
　　中世纪的市民社会 / 31
　　圈地——市民社会的两个愿景 / 34
结论 / 41

第二章　自利与社会进化 / 43

洛克之自然状态中的市民社会 / 43
　　个人与社会 / 43
　　两个案例 / 48
生物学理论与社会策略 / 51
　　亲属关系和社会适应 / 51
社会进化与博弈论 / 56
　　理论背景 / 56
　　博弈论和利他主义 / 61
　　平衡点 / 63
　　定位"自然状态"的一些问题 / 65
　　有限的主权形式 / 68
关于社会进化的达尔文主义立场 / 70
　　进步与适应 / 70
　　原子论模型与系统论模型 / 71
　　自私的基因和他们的生态 / 73
　　选择与文化的延续性或变迁 / 75
　　适应度景观作为社会变革的典范 / 77

适应和可选择的策略 / 79
　　结论 / 82

第三章　社会秩序的崩溃 / 83
　　社会秩序崩溃的原因 / 87
　　　政府成本 / 87
　　　全球化 / 91
　　　私有化和当地市民社会的解体 / 93
　　　自然资源的竞争 / 96
　　暴力和灾难性变迁 / 99
　　　替代策略和复杂系统 / 99
　　　政府作为一种资源 / 102
　　　松散分子 / 103
　　　博弈论和囚徒困境 / 106
　　重新划定市民社会界限的策略：(i) 亲属关系 / 108
　　　索马里 / 109
　　　阿尔巴尼亚 / 112
　　重新划定市民社会界限的策略：(ii) 族群关系 / 113
　　　印度尼西亚 / 116
　　　印度 / 117
　　　南斯拉夫 / 118
　　结论 / 120

第四章　战争、生物学与文化 / 124
小型社会中的战争 / 124
暴力与和平缔造 / 129
亚诺玛米人的战争在多大程度上是原型？ / 133
社会生物学和文化人类学 / 134
夏侬的数据资料 / 138
战争与领土 / 140
战争与婚媾 / 141
小型社会中战争的广阔图景 / 144
复杂社会中的暴力行为 / 146
谁对促进混乱感兴趣？ / 147
外来者的作用 / 148
恢复信任 / 151
结论 / 152

参考文献 / 157
索引 / 176
译后记 / 184

导 论

本书背景

《秩序、失序与战争》来源于我的几个研究兴趣。第一个来源，是我在读博士期间对瑞士边境一组法国村落的社会变迁研究（参见 Layton，2000）。我在 1969 年至 1995 年之间分期进行田野调查，根据本地档案资料重构了一个延续与变迁的历史阶段，可以追溯到 1789 年法国大革命前的旧制度。让我印象极为深刻的是，即便在 1789 年法国大革命、18 世纪至 19 世纪农业革命（涉及英格兰圈地运动的动荡）、普法战争、"二战"军事占领以及战后农业机械化期间，乡村生活始终井然有序。对英国乡村生活略知一二的我来说，同样令人难忘的特点还包括，当地民主的活力，以及"我的"村庄在管理公共牧场和森林方面必不可少的自由。然而，当我分析这些材料时，东欧的国家社会主义正在瓦解。有些地方基本能够做到有序转型，而另一些地方则分崩离析，陷入内战。东欧和西欧的政治思想家都认为，在东欧集团中创建"市民社会"是未来政治稳定的关键，认为这一目标可以通过市场经济的发展而得到促进。我参加世界考古学大会(World Archaeological Congress)时,获知 1992 年印度北部阿约提亚(Ayodhya)清真寺被毁引起的民众骚乱——印度教原教旨主义者声称这座清真寺坐落在印度教庙宇的遗址上,该庙宇是印度教文化英雄罗摩(Rama)出生地的标志。世界考古学大会是在该清真寺被毁两周年之际在印度举行的,旨在辩论民族主义考古学家对摧毁该清真寺所起的推波助澜作用,但大会遭遇了愤怒的示威游行。世界考古学大会辩论延期,改在克罗地亚举行会议,代表们得以调查被塞尔维亚、克罗地亚和波斯尼亚之间的战争破坏的教堂、清真寺和其他文化财产(Layton, Stone 和 Thomas, 2001)。这些经验让我们对时而和平过渡、时而剧烈冲突的社会变迁有更好的了解。在整个 20 世纪 90 年代,关于暴力和内战的人类学第一手资料不断增加,为更加详细地研究该主题提供了可能性。

内容提要

本书研究市民社会对社会秩序构建与破坏的作用,以及暴力对人类社会发展的影响。"无政府"有两种含义。在通常的理解中,它指社会权威崩溃,导致社会失序。然而,在 19 世纪下半叶,对于俄罗斯的克鲁泡特金(Kropotkin)和他的无政府主义者来说,无政府指地方社区自主合作、自由组织生活,这是市民社会的根本所在。克鲁泡特金实际上也到访过我博士期间田野调查的区域,他描述自己是如何从瑞士制表师协会中得到灵感:"在与制表师待了一周之后,我对社会主义的看法基本定型了。我原来是一个无政府主义者"(Kropotkin, 1972: 4)。这些对立的含义在近年来关于市民社会定义的辩论中再次出现。仍然存在的争议是,是否可以将"市民社会"一词用于人们在其中以自助和互助的形式来反对国家的那些机构,还是常将该术语仅限于那些为国家的良好秩序做出贡献的非政府机构。

第一章,我对关于市民社会的狭窄定义提出反对意见。本章建议将市民社会简单合理地定义为:"处于家户和国家之间能够协调和管理各种资源和活动的社会组织"。本章所持观点与欧内斯特·盖尔纳(Ernest Gellner,1994)、亚当·塞利格曼(Adam Seligman,1992)以及基思·特斯特(Keith Tester,1992)相反,他们认为唯有资本主义市场经济导致产生了市民社会。本章指明,17世纪及18世纪市民社会概念的创造者约翰·洛克和亚当·弗格森将市民社会与所有人类社会出于理性自利的需要而产生的社会合作相联系,认为市民社会的适用范围比上文提到的远为广泛。本章将通过历史上和近些年来非西方文明的个案,支持洛克和弗格森的立场。从具体的历史状况看,市民社会既可以支持也可以破坏民族国家的统一。第一章将当前有关市民社会的狭义界定,追溯到对16世纪至19世纪初发生在英国的农业圈地运动中持异议者的政治计划。本书指出,当前对"市民社会"一词的流行用法,无助于人们大体了解社会态势。

第一章介绍了一些最重要的理论。洛克和他的同时代人正赶上启蒙运动,当时国王的神圣权利受到了挑战,哲学家们推动理性辩论:什么是人类社会的最优组织方式?在17世纪,常见的做法是在复杂而貌似机巧的当代欧洲社会与据说是人类自然状态之间进行对照。然而几乎没有人能说清楚这种自然状态是什么样的,因此,作者通常就会透过自己推崇的那种社会类型来管窥它:永恒的战争或绝对的和平。一个世纪后,让-雅克·卢梭(Jean-

Jacques Rousseau)和亚当·弗格森等可以利用更好的人类学记述,随着19世纪的地质革命,重建人类社会历史的任务引起了人们更大的兴趣。研究者们突然了解到人类存在的漫长时期,这促使他们在人类原始状况和现代欧洲社会之间划分出一系列中间阶段。社会进化被认为是从简单走向复杂,从迷信走向理性,正是这个诱人的公式推广了更具限制性的理想主义市民社会观念。当代小型社会被等同于普遍发展过程中的早期阶段,进化论作为进步理论,被用来否定圈地时期的英国乡村社会,它对形塑人们关于市民社会的最新理解,起到决定性作用。即使是二十世纪的社会科学家也发现,难以摆脱进化即进步的观念。社会学家安东尼·吉登斯在拒斥进化论方法时,将其描述为寻求一种必须与系列变化相联系的变化机制,这些变化导致社会组织的类型或社会组织的某些方面在整个人类历史序列中相互取代(Giddens,1984:232)。

这种进化论与查尔斯·达尔文的自然选择理论截然相反,自然选择构成了生物科学家进化立场的根基。我将证明,由于洛克的著作先于极具误导性的"进化等于进步的理论",而且由于弗格森早期并无恶意地陈述了这一观点,所以他们的观点直接回应了达尔文主义理论当前所面临的问题。达尔文认为,种群中个体间的随机变异在特定环境下会导致不同的生存概率。那些生理或行为最适应当地环境的个体,比那些携带适应变体较少的个体,有更高的概率生存下来,也有更高的概率生育成活的子代。适应性只能根据当地情况进行判断;不存在普遍意义上"更好"或"更进化的"适应性。甚至达尔文也很难理解他的自然选择模型的内在相对性,不得不对自己说:"我不能去判断生命形式的高与低"

(Trivers，1985：32)。如果将达尔文假说用于人类社会行为的分析，这些假说不会去问某些行为模式是否内在地比另外一些更好；它们仅研究在特定情况下，社会策略如何在社会互动中支持个人生存。1971年我获得博士学位后，在澳大利亚原住民社区工作了七年。传统的原住民社会生活往往已经适应在恶劣而不可预测的环境中生存。我对诸如布鲁斯·温特豪德(Bruce Winterhalder)和埃里克·奥尔登·史密斯(Eric Alden Smith)等社会生态学家的作品产生了很大的兴趣，他们运用达尔文理论来说明，为何可以将人类行为的变化，解释成为是对不同的环境和生计模式的适应。社会生态学为社会关系建构的统一性和变异性提供了科学解释，并且在下面的分析中多有借助。

第二章"自利与社会进化"探讨了将达尔文的方法应用于人类社会进化。本章将指出，约翰·洛克这个观点是正确的：理性不是西方文明的特权，而是在最简单的社会组织形式中也可以见到的行为特征。博弈论为探讨小群体中社会互动的理性提供了公认的模型，同时我对一些关键概念作了概述，例如非零和博弈、囚徒困境、搭便车和避免公地悲剧的方式。

人类的自然状态并非如托马斯·霍布斯所声称的那样是永恒的战争状态。本章的第一部分将给出民族志案例，说明从昙花一现的淘金热社区，到历史悠久的村庄，地方自治社区如何以多种方式维持社会秩序。第二部分要指出，国家放松管制造成人类无政府本能的释放，然而这并不是社会秩序崩溃的原因。我们需要一种更复杂的社会秩序理论。本书这个部分援引达尔文主义理论，呈现作为一种适应形式的社会策略的进化，以及这些策略付诸实践的环境的进化。有一种简单化的达尔文主义模型，它仅关注生物体和环境之间的相互作用，使我们忽略了这个事实——不同物种的个体之间，或不同社会的人之间的相互作用，可以对个体行为的人文生态产生累积效应。因此，第二章还介绍了进化的"适应度景观"（fitness landscapes）的概念，以呈现社会互动的累积效应。

第三章"社会秩序的崩溃"指出，社会秩序要维持，那么它必须在经济上具备可持续性。最近许多关于社会失序的民族志研究倾向于认为，全球化和"结构调整"可能削弱了民族国家履行与公民之间的社会契约的能力。此外，鉴于市场经济创造的收入水平和国家有限的税收能力，许多第三世界国家无力维持他们从殖民时代继承下来的官僚体制。在这种情况下，当地市民社会可能会提供更好的安全保障。当经济和社会适应状况发生改变，削弱了以前占主导地位的社会组织的效率并将自主权赋予其他组织模式时，现有的社会秩序就会崩溃。通常这些组织模式已经是本地文化资源的一部分，它们包括对亲属和族群的依赖、血亲复仇和族际暴力。原本是国家实施暴力，现在可能转而主要由市民社会中彼此竞争的社会组织来实施。20世纪90年代在欧洲、非洲和亚洲发生的大量暴力冲突事件似乎表明，显然无所顾忌的破坏行为，越来越容易给当代社会带来侵害。霍布斯的悲观主义似乎是有道理的。

第四章仔细研究了上述的这类观点，并且批评了把达尔文理论以更偏重决定论的方式用到人类社会行为的某些做法。例如，进化心理学认为，人类在狩猎和采集时代发展起来的社会行为能力，在晚近时代更复杂的社会中，有时变得不合时宜。一些作者甚至得出结论，人类和黑猩猩共同具有暴力倾向的遗传特质，而文化并不能提供充分的保护。于是，第四章检视了有关人类战争具有进化意义的证据。本章指出,战争与和平在人类社会发展中同等重要。本章重点介绍了民族国家内部的部落战争和内战之间的共同特征,这些战争的起因是资源匮乏、信任危机、人们普遍诉诸暴力。

第一章
市民社会与社会团结

关于市民社会

在最近有影响力的作者如欧内斯特·盖尔纳和亚当·塞利格曼的著作中,"市民社会"的概念对于分析民族国家稳定与否至关重要。随着第二次世界大战后东欧社会主义政权的瓦解,社会上普遍流行乐观主义,认为人们有能力团结起来,通过一个有自决权、有民主的市民社会,促进共同利益。助推社会主义瓦解的西方政府争辩说,自由市场经济促进了自力更生,从而也促进了人们对市民社会的参与。所谓在社会主义中没有市民社会的说法,被用来证明市民社会与资本主义的内在联系。然而,在接下来的几年中,诸如南斯拉夫族群民族主义兴起等事件,动摇了人们对市民社会普世发展的信念。在这样的情况下,是否还存在市民社会都受到了质疑。基于亲属和族群的关系与基于市民社会的关系截然不同。用亚当·塞利格曼的话来说,基于亲属和族群的关系似乎是原生的,而非理性的。因此,本章的第一部分讨论了一些相关问题。

- 应该如何定义"市民社会"?
- 市民社会是否必然与商业经济相关联(如盖尔纳和塞利格曼所说),还是可以在不同的制度下发生[如汉恩(Hann)和怀特(White)所主张的那样]?
- 市民社会是否必然要支持或破坏国家?

在本章的第二部分中,我通过回顾约翰·洛克(John Locke,1632—1704)和亚当·弗格森(Adam Ferguson,1723—1816)关于市民社会的著述说明,在他们的本意中,这个概念的应用范围要比当前宽泛得多。因此,本章的第三部分探讨了当前这种带有局限性和政治偏见的做法是如何产生的,而同样有用的替代方法是如何被边缘化的。

洛克[1960(1689)]和弗格森[1995(1767)]首次提出了市民社会这个启蒙时代概念。20世纪80年代中期,东欧和西欧的政治学家都主张在东欧建立市民社会,以此削弱国家的角色(Hann,1990;Khilnani,2001)。20世纪90年代的分析家认为,市民社会概念被创造出来的时候,正值西欧社会经历从封建主义到商业资本主义的大转型,这个事实具有决定作用。因为这个概念是在国王的神圣权利受到挑战、新的资产阶级要求废除封建社会秩序时被制造出来的,所以人们认为市民社会本身诞生于那个时代。

受启蒙运动思想深刻影响的人类学家和政治哲学家欧内斯特·盖尔纳(逝世于1995年),笃信重商资本主义诞生以来欧洲文化独有的理性主义。他在布拉格长大,于1939年随父母移居英国。东欧剧变后,他回到布拉格,致力于推动与市场经济挂钩的特殊类型市民社会。根据盖尔纳的观点,只有市场经济能确保契约联盟有足够的灵活性,并且适于创建市民社会(Gellner,1994;

100)。市场社会允许个人无须通过复杂的血祭仪式,就可以自由进出专门而有限的社团(盖尔纳在戏谑传统社会结构)。只有市场可促进对自身利益的理性追求,或者如盖尔纳(77)略显奇怪的提法:"对利益的无私追求"。起初许多东欧人愿意接受这一主张。正如詹宁·韦德尔(Janine Wedel,1998)写到的那样,由于共产主义被突然放弃,人们努力寻找如何保持社会凝聚力问题的快速解答,唯一的选择似乎是国际机构倡导的西方资本主义。

市民社会的倡导者近来为这个概念的狭窄定义辩护,认为这个狭义概念不能准确反映本概念原创者的广阔视野。正如史蒂文·桑普森(Steven Sampson)所发现,西方模式并不总是与东方现实匹配。如果缺乏相匹配的社会制度框架,程序就无法成功输出。在西方由商业或志愿的团体解决的问题,在其他社会通常由亲属、地方网络和族群解决(Sampson,1996:125)。在后苏联时代,成百上亿的俄国人,徒劳无功地寻找致力于民主、经济生产活动和市民社会的资产阶级(Kingston-Mann,2003:94)。俄罗斯的大规模私有化非但没有创造市民社会,反而出现了一些唯利是图的寡头政治的执政者,以及雇佣了私人军队和情报组的黑帮,他们频频进行车载炸弹爆炸和雇凶暗杀(Kingston-Mann,2003:109)。

定义市民社会

社会学家阿尔文·古尔德纳(Alvin Gouldner)将市民社会视为中介,人们在日常生活中可以通过这个中介追求自己的目标;……(通过)互助与自助的模式,设法避免对国家控制的依赖(Gouldner,1980:370—371)。伊丽莎白·邓恩(Elizabeth Dunn,

1996：27)将市民社会描述为"处于私人家庭领域与国家之间的关系域"。实际上人类社会的家庭普遍存在,因此我将用"市民社会"专指处于家庭和国家中间领域的社会组织,这些社会组织使人们能够协调和管理资源和活动。①

市民社会与欧洲国家

由于市民社会是处于国家和家庭之间的领域,那些仅限于推动国家政策的机构就不是公民机构,它们是国家的一部分。因此,根据国家的相对权力,特定机构(不是所有机构)有时可能具有服务公民的能力。在法国,市长扮演着双重角色,既代表国家,也能让地方市民社会运转。当代法国地方政府的结构是在1789年革命时确定的,体现了革命政府面对地方民主和统一国家的政策矛盾(Abélès, 1991：111, 115)。自1871年以来,村民委员会从他们自己的成员中选出村长,在公社(村)内部事务中,村长是委员会的代理人,负责实施委员会的决定。因此,村长扮演着双重角色,同时代表国家和地方市民社会。在我曾工作过的20世纪90年代的弗朗什-孔泰(Franche Comte)地区(Layton, 2000),公社通过出售公有林的木材,每年可赚取五十万至一百万法郎,而市议会则拥有大量可支配的资源,用于资助当地的公共服务。

布赖恩·查普曼(Brian Chapman, 1953)记录了一位村长的个案:这位村长在委员们的压力下,禁止在其公社内运输和使用核武器。温妮·莱姆(Winnie Lem, 1999)记录了法国朗格多克(Languedoc)地区村长们的叛离活动,该地区有上百年抵抗国家集

---

① 我知道,建立家庭界限可能是有问题的(参见 Layton, 2000：124)。

权的历史。村长们甚至也参加了"隐形经济"活动,以躲避向国家缴纳税款和保险。

法国容忍一定程度的市民社会自治。另一方面,苏珊·施皮尔贝克(Susanne Spuèlbeck,1996)写到,在社会主义政权执政期间,她所研究的一个民主德国村庄的村长于20世纪50年代后期被捕,他受到有政治阴谋的指控。由于没有村民愿意接任,这个位置被外来人员占据了十多年。自柏林墙倒塌以来,尽管村长属于高薪职位,但招聘仍然非常困难,因为当年的国家监控给当地市民社会留下了惨重的印记。

功能与历史

应该对市民活动的后果进行实证研究。不能把道德要求放到市民社会的定义里去,因为市民社会对国家既有支持作用,也有反对作用;也不应要求市民社会的定义只关乎个人自由或者只关乎群体凝聚力。盖尔纳考虑过但随后拒绝在市民社会的定义中确定其相对于国家的具体角色。他认为市民社会可能是:

> 强大到足够制衡国家的一系列各种各样的非政府机构,虽然不妨碍国家扮演和平维护者和主要利益仲裁人的角色,却也可以防止国家强势,防止(除国家以外的)其余社会领域的分子化(Gellner,1994:5)。

盖尔纳拒绝了这种定义,因为它会包含"许多不能让我们感到满意的社会秩序"(Gellner,1994:6,他的强调)。他认为,市民社会中绝不能存在任何分裂倾向,如果存在的话,市民社会将分裂国家,而不是制衡它。他的论点袭夺了关于市民社会如何运作的个案研究。

塞利格曼指出,由于市民社会的现代拥护者在诉求上存在矛盾,东西方对市民社会的争论有所不同。正如盖尔纳的前同事杰克·古迪(Jack Goody,2001：153)指出的那样,在盖尔纳的文论中明显存在这样的模棱两可：对于盖尔纳而言,市民社会必须始终"站在天使这一边"。盖尔纳(Gellner,1994)对市民社会的评价会有转换,这取决于他是在写西欧还是东欧。他认为,在西方,国家必须限制市场经济的力量。在西方,国家是值得信赖的。打法律擦边球的"聪明人"经常操控市场,囤积利润。必须存在某种形式的福利国家,因为家庭太小,无法照顾丧失能力的人。同样,国家必须负责提供许多服务。"如果社会主义意味着对经济施加政治约束,那么几乎所有的……社会都是社会主义的"(Gellner,1994：170,参见 Seligman,1992：113—117)。另一方面,盖尔纳认为,东欧的市场经济太弱,无法建立真正的市民社会。在东欧,必须发展市民社会来平衡国家,而不是反过来。我认为,在讨论市民社会的功能之前,必须对家户与国家之间存在什么样的机构进行经验调查。换言之,我们要先了解有什么框架可以使不同家户采取共同行动,然后我们才可以问,这些机构中有哪些(如果有的话)能使人们促进他们的政治目标。如果市民社会倾向于破坏国家,那么,对于取代国家的联盟的认同,可能取决于这类中间组织的结构。

市民社会的概念也需要摆脱进化论假设：它出现在国家的社会生活的某个特定阶段,特别是在商业资本主义消解传统地方社区的时候(例如英国圈地运动时期)。这个立场存在两个缺点：它错误地暗示人们以前没有能力理性地团结起来,追求彼此的自我利益;它也往往会误导性地暗示,市民社会的结构或范围与国家的结构或范围是一致的。"一个不同于国家的社会领域,具有自己的形式和原则"(Kumar,1993:376),可以先于国家(特别是那些殖民时期建立的国家),也可以跨越国家边界(比如库尔德社会)。否定这些个案构成市民社会,就等于说"他们没有以我认为市民社会应该有的方式与国家交往"。杰克·古迪(2001)通过古代西方关于市民社会的研究,比如古代印度,唐朝和宋朝的中国,以及被殖民前的西非的市民社会形式,说明了最近的西方市民社会研究的作品中存在着族群中心主义。

克里斯·汉恩(Chris Hann,2003)惊讶于人类学家盖尔纳会拒绝市民社会在部落社会或伊斯兰社会中存在的可能性。汉恩认为,一个适切的人类学方法,应该更加密切地关注当地社交模式,研究当地如何以不同于现代西方解决方案的民事方式解决政治和道德的问责事宜。萨米·祖拜达(Sami Zubaida,2001)回顾了当代中东地区各种形式的市民社会。在盖尔纳的研究中,最令人惊愕的方面是它对传统社会所采用的戏谑手法。盖尔纳认为,前现代国家常常缺乏彻底粉碎其所控制的社会群体的手段,他断言,其代价就是农民受到由同辈表亲和礼仪构成的地方社群的专制统治。下文简述的欧洲村庄史提供的证据表明,这种说法过于简单。

如果将上面呈现的简单分层模型("社会组织占据家户和国家之间的空间")可视化为一个倒置的三角形,其顶部为无所不包的国家,其底部是最小构成单元的家户,那么,这种呈现方式可能会产生误导。市民团体可能遍及整个国家(例如,波兰团结工会运动),而国家通常会渗透到地方一级(例如,村长发挥国家公职人员的作用)。即便市民团体系自由建立并且以促进自由结社和当地会员的利益为宗旨,国家还是经常为诸如生产者合作社等类型的团体制定规则。

正如克里尚·库玛(Krishan Kumar,1993)所指出的那样,不同的政治哲学流派对"市民社会"这个术语的用法各有不同。库玛得出结论,该术语不具有中立的社会科学含义。我认为该词很有用,但需要满足两个条件。首先,必须把市民社会的结构与它在不同时间地点发挥的各种不同作用区分开来,不要仅仅因为作者不看好它的某些社会后果,就将某个案排除在"市民社会"的范畴之外。第二,市民社会不应等同于所谓的社会发展某阶段。

市民社会必须和国家打交道吗?

虽然我们有充足的理由拒绝这样一种市民社会定义——对市民社会的具体作用加以规定的族群中心主义定义,但是,以下这个问题却较难回答:"就定义而言,市民社会机构是否必须对国家发挥某种政治作用?"根据韦德尔的描述,东欧剧变后西方在东欧建立市民社会的目标,是建立"一个由公民和群体自愿组成的团体,它独立于国家发挥作用,是公民与国家之间的中介"(Wedel,1998:83,我的强调)。民族志经验研究表明,某些具体的机构可能在其存在的某些时候发挥政治作用,但不是所有的机构都是如此。除非它们进入了政治舞台,否则将这类机构排除在分析范围之外,我认为这无益于我们理解。人们需要知道它们是如何产生的,以及什么情况促使其成员改变其功能,以便将其变为政治行动的工具。比尔·爱泼斯坦(Bill Epstein,1958)进行的一项研究是典型的例子。该研究探索了一个由传教士在赞比亚采矿小镇栾沙

(Luansha)成立的图书馆协会是如何被转变成为一个福利会。该协会反过来为崛起的黑人领袖提供渠道,挑战部落长老在城市里的权威。19世纪的法国政治理论家亚历克西斯·德·托克维尔(Alexis de Tocqueville,1805—1859)于1831年前往美国,后来著有关于民主本质的著述。托克维尔对政治机构和市民机构的区分对我们的理解是有帮助的(引自 Kumar,1993:381);教会、职业、商业,以及娱乐协会等公民团体,可以为政治团体"铺平道路"。与其将具体团体截然划分为政治团体或公民团体,不如说公民团体具有一定的自治权来管理资源和协调行动,从而有可能通过与国家的政治对话,为自己的成员谋取政治利益。

塞利格曼声称,在社会主义制度下不存在市民社会,因为公民和政治因素被否定了(Seligman,1992:114)。米歇尔·布霍夫斯基(Michal Buchowski)对共产主义时代中欧不存在任何市民社会的说法提出了异议(Buchowski,1996:79,对比 Wedel,1998:103)。的确,共产主义意识形态试图融合国家与社会。要职人员系统确保了只有忠诚的人才能担任最重要的职位。但是,人们往往通过国家建立的合法官方协会来满足自己的利益。布霍夫斯基说,当他自己作为一个波兰青少年加入人民体育俱乐部踢足球时,就为建立市民社会做出了贡献。换句话说,他正在为处于家户和国家之间空间的社会组织做出贡献,使人们能够协调管理资源和活动。其他由国家赞助的组织,例如乡村妇女家务协会和志愿消防队,也有类似的作用域。高级职位必须由党批准,普通会员应尊重权威。但是,这样的协会为集体活动提供了重要的平台。许多组织,特别是专业组织,在20世纪80年代变成了异议人士团体。

市民社会导致分裂还是促进统一？

案例研究表明,市民社会可能威胁或巩固民族国家的统一。当国家受威胁可能分解成较小政体时,将族群或宗教团体归类为"原生的"或"先天的、非理性的"是不恰当的(Duffield,2001:110)。比较南斯拉夫和波兰的历史,我们可以清楚地看出这一点。族群在南斯拉夫国家造成了断层。在某些方面,它们的存在要早于把它们并入进来的国家,而它们的持续存在则削弱了国家,但1990年出现的区隔并不是"原生的"。国家默许它们持续存在,而它们与国家的互动也改变了它们自身的特性。塞尔维亚和克罗地亚作为独立的政治实体有着悠久的历史。中世纪的塞尔维亚王国成立于公元6世纪,一直持续到1389年被奥斯曼帝国的土耳其人击败。奥斯曼帝国的统治者允许塞族人继续信仰东正教,在一个信仰伊斯兰教为主的国家,东正教则成为塞族身份认同的表达。8世纪存在三个克罗地亚小国。在此期间,查理曼大帝让克罗地亚皈依了天主教。克罗地亚王国于1069年统一,但克罗地亚的独立很短暂。仅仅三十年后,克罗地亚便被匈牙利击败。克罗地亚同意与匈牙利建立联盟,但存在至1918年奥匈帝国结束时的萨博尔(Sabor)或曰克罗地亚议会,帮助克罗地亚人保留了自己的政治身份认同(Tanner,1997)。由于天主教是更为广大的帝国所共享的宗教,它不具备克族身份认同的重要的组织结构意义——克族的身份认同是通过萨博尔来表达的。

第一次世界大战后,随着南斯拉夫的建立,南部的斯拉夫的统一得到了实现。不幸的是,统一的国家出现了致命的不对称性。在克罗地亚从奥匈帝国分裂前,塞尔维亚从土耳其的统治下获得了独立。塞族人主导了新的国家机构,克罗地亚失去了通过萨博尔实行的相对自治。这样,族群对抗被鼓动起来,现在天主教已成为克罗地亚身份的突出特征。第二次世界大战后,族群性和民族主义继续存在,这是因为"二战"后南斯拉夫的总统铁托(Tito)建立了一个基于族群,但又缺乏真正权力共享的联邦制结构。在20世纪下半叶,族群身份对于许多城市居民变得无关紧要,但在乡村地区仍然很牢固。"有证据表明,泛南斯拉夫的意识(参见盖尔纳式的市民社会)是存在的,而且在20世纪80年代正在加强,但事实证明它太薄弱",无法克服族群冲突(Gallagher,1997:48)。铁托死后,塞尔维亚和克罗地亚的共产主义精英都通过拥护族群民族主义确保自身的生存,这些民族主义领导人不得不从农村寻求支持。在农村地区,族际通婚率很低,甚至与外村接触也很少,村民"已经准备好武装反对城市这一财富与罪恶的神秘之地"(Gallagher,1997:66)。汤姆·加拉格尔(Tom Gallagher)总结到,不是很夸张地说,可以用宗教语言将20世纪90年代的冲突描述为(宽容的)城市社区和农村(民族主义的)社区之间的冲突。

另一方面,波兰很幸运,市民组织遍及整个国家,这说明了市民社会组织并不一定比国家包容性低。在东欧和中欧,天主教在波兰的地位是独一无二的。与南斯拉夫教会的分裂效应相反,波兰天主教堂是民族团结的象征,它代表了不同层面上不同群体的利益,它通过布道保持了言论自由。1981年实施戒严令后,教堂成为世俗异议人士的"避风港"(Kumar,1993;Buchowski,1996)。因此,天主教会对推动国内市民社会发展起到了实际作用。

非现代的市民社会

现代性已被用作泛指资本主义时代的同义词。为了就业，工人大规模流动，于是忠于当地社区的传统被打破，中世纪习俗因被视为非理性的迷信而被抛弃，启蒙运动的普遍理性愿景激发了对社会秩序进行有计划干预的尝试。盖尔纳对市民社会的想象属于现代主义想象，根据这个想象，只有市场经济才能为灵活的契约组织和专门的自愿团体提供保障。盖尔纳还从现代主义出发，把前现代欧洲社会（大约18世纪前）混同于最近的非工业社会，并使之永久化（参见Fabian, 1983）。

欧洲村庄的历史证据表明，盖尔纳声称中世纪没有市民社会是不正确的。1483年，瑞士的托贝尔村（Torbel）制定对其所拥有的公共牧场和森林使用的规则时，就已经自称为农民公司（Netting, 1981：60）。在15世纪和16世纪，托贝尔村公民草拟了宪章，规定村民可以将自己的耕地出售给村外人，但不允许他们将共有土地上的权利转让出去。如果现有成员的三分之二同意，则新成员可以加入该村社。在1790年之前，法国的村庄事务由庄园主或地方政府任命的官员管理（Gournay, Kesler and Siwek-Pouydessau, 1967：115）。在法国阿尔卑斯山上的村庄阿布里（Abriès），大革命爆发之前，所有拥有纳税土地的户主，包括寡妇，都有权参加议事大会。议事大会选出的领事在最高法院里代表村庄利益，同时，村庄领事可使用牧场出租获得的公共资金雇用教师和律师。1694年，一位军队工程师写道："这些人像共和党人一样统治自己，不把他们中间的任何人当领导，也不必屈从于任何贵族"（Rosenberg, 1988：39）。乡村公司显然占据了家户与国家之间的一部分空间。

盖尔纳(Gellner,1994:88)认为,在"氏族和世系群的时代",人们不能轻易改变其所在地方群体的成员身份,从而阻止了个人进入或离开专门而有限的团体(见上文)。要做出这样宏大的普遍性结论原本是不可能的。人类学研究表明,队群(bands)、世系群(lineages)和氏族(clans)在成员资格上都具有一定程度的灵活性。理查德·李(Richard Lee)写到,卡拉哈里(Kalahari)沙漠的多比昆族部落的狩猎采集者[Dobe! Kung(Ju/'hoansi)]"在营地之间令人不堪忍受地频繁迁移,一些人群在两个或两个以上的水孔之间来回迁移。其他每年几次或一次连续几年离开多比(Dobe)地区"(Lee,1979:42)。某些特定的人群拥有与一个水孔相关的从几年到几十年不等的历史,但是据理查德·李说,这段历史很少延伸到健在最年长者的前三代以上。个人可以选择加入母亲或父亲的队群。对于生活在受制于当地无法预测的干旱环境中的狩猎者和采集者而言,这种灵活性至关重要。牧民和仅能维持生活的农民的继嗣群生存力似乎更强,但格里克曼(M. Glickman,1971)和米歇尔·弗登(Michel Verdon,1982)证明,苏丹南部靠牧牛为生的努尔人(Nuer)将生活在该村足够长久的非亲属成员吸收到社群里来,而那些离开的原世系成员则被遗忘。李峻石(Gunter Schlee,2002)将索马里氏族制度描述为是一种弱者试图将自己依附于强者的制度。他写到,如果氏族模型不能接受它们,则可以通过契约来产生依附关系。决定社会关系持久存在的主要考虑是,个人是否需要为了获得长期回报而投资于社会资源。卡拉哈里的狩猎采集者对广泛的社交网络进行了投资,使他们可以从一个群体转移到另一个群体,从而避免了当地干旱和暴力的风险。农民,甚至是刀耕火种的耕种者,都对土地和农作物有投入,而牧民则是对牛群的集体权利进行投入。工业契约合同工不需要对社会群体投入,如果他们被剥夺了土地,就更不可能做这种投入。人们不会突然获得理性的公民意识,资源获取方式的变化决定了不同的社会策略。

盖尔纳在讨论伊斯兰教时,在某种程度上保留了他对前现代社会的刻板描述。他指出,继伊本·哈勒敦(Ibn Khaldun)之后,农村社区从中心地区获得了一定的独立性,可以周期性地对城市的衰落进行改革。农村的腹地提供了"一种具有很强社区凝聚力的政治策源地,他们有能力而且确实有义务维护和管理自己:当前朝的衰落带来机会时,这些社群也可以运作一个较大的国家。国家是部落送给城市的礼物"(Gellner, 1994:84)。但是,盖尔纳还认为,由于部落无法运行官僚体系,"对社会的管理主要依赖关系网络、准部落,基于亲属建立的同盟、交换服务、同乡等……大体上,它仍然是基于个人之间的信任……而不是基于……一个明确的官僚结构"(27)。

詹妮·怀特(Jenny White, 1996)挑战了盖尔纳认为"市民社会必须以契约为基础"的观点。怀特同意"在土耳其城市地区,志愿者协会、基层抗议活动以及其他形式的公民活动,通常是基于相互信任和人际关系义务,而不是基于个人的契约成员关系。大体上,信任和互惠塑造了公共生活"(White, 1996:143)。但是,她坚持认为,今天的公民行动并非基于家族、部落或家庭的"原始"联系,它是由个人的自由选择创造的,个人决定在他们的熟人和社区中与谁交往。该网络创造了一个空间,使妇女可以公开行动却不失去公共角色和性别角色的隐私性和安全性。已有的社区关系网是市民文化的基础,伊斯兰和世俗组织在此基础上建立工人阶级的组织基础。

萨米·祖拜达(Sami Zubaida,2001)更有批判性地观察了中东市民社会,他同意怀特的观点,即在现代条件下,中东传统社团已经在城市中重组成为部落、宗教和乡村的组织,但他也不得不承认,中东城市的民间团体有很强的非自由主义倾向(Zubaida,2001:242)。

汉恩认为,西方代理机构对市民社会族群中心主义定义的依赖,损害了为东欧后社会主义政权提供援助的方式。刚刚在社会主义制度下承受社会工程实验的社区,随后遭受到外国人对他们进行的同样理想化的社会工程实验。西方向那些可能更喜欢本土传统协会的人们,输出基于契约团体和个体行动者的特有市民社会概念。社会主义政府的积极方面在于——国家在养老、教育或医疗等方面给予的支持,但是在这些都消失后,却没有出现能取代这些优势的其他优势。"许多后社会主义国家的公民认为,他们在旧政权下反而享受到更多的市民社会成分"(Hann,个人交流)。汉恩表示,西方干预的效果甚至可能是增强了对血缘、宗教或族群身份的认同,以应对外国非政府组织的不成熟和滥用。

洛克和弗格森:"市民社会"概念的起源

启蒙时代的政治思想

直到17—18世纪,人们认为欧洲国王是由神权统治,人类社会是天堂神圣社会的低端再现。在启蒙运动时期这些假定受到了质疑,哲学家们拒绝神法,他们诉诸人类理性来推断社会应该如何去组织。一旦人们认为自己可以自由决定什么样的社会行为是适当的,就有可能谈及如何改善实际的社会,以及当今社会是如何不同于自然或原始的人类状况。在他们看来,无论是欧洲过去的人类社会,还是现存的异国他乡,都是有助于回答这些问题的信息来源。

托马斯·霍布斯(Thomas Hobbes,1588—1679)曾是未来的查尔斯二世国王的导师,他亲身经历了英国内战造成的混乱,并提出了一个问题:让社会凝聚在一起的是什么?在霍布斯的设想中,与集权控制的社会生活对立的状况,是无序的混乱。在这种状况下,人们试图通过控制他人来保护自己。这将是一个人人为敌、相互攻伐、生命变得"孤独、贫穷、肮脏、残酷且短暂的"状况[Hobbes,1970(1651):65]。霍布斯认为,生活在这种情况下的人们将被迫选择一个领导,或者一个君主,把足够多的个人自由交给君主,赋予他维护社会契约所需的权力。人们只有相信可以对任何行骗者进行法律制裁,才会愿意为普遍的善而努力。霍布斯的主要目的是在有序与无序之间建立一种逻辑上的对立,而不是确定可以用来评估当代欧洲社会的实际条件(Hill,1958:271)。

哲学家约翰·洛克(John Locke,1632—1704)辩称,人们拥有反抗压迫性国家的"自然权利"。洛克暗中反对霍布斯,但他的公开目标是罗伯特·菲尔默(Robert Filmer,卒于1635年),菲尔默捍卫国王的神圣权利,并将王室权威的起源追溯到"原始时代"父亲对其家庭的掌控权。洛克反驳说,女人并非天生就屈服于男人。婚姻是为抚养子女而订立的合同,任何一方都有权退出。"人们受理性支配而生活在一起,不存在拥有对他们进行裁判的权力的人世间的共同尊长,他们正是处在自然状态中"(Locke,1960:280,他的强调)。

霍布斯和洛克几乎都没有经验证据来支持他们对人类自然状态的重建。18世纪的作者有更多的报告可以借鉴,尤其是对加勒比海和北美洲原住民社会的描述。让-雅克·卢梭(Jean-Jacques Rousseau,1712—1778),是日内瓦封建旧制度最后几年的外交官和公民。他想象人类可能起源于孤立的个体,可以对自己微薄的需求给予即时的满足,但即便有,也很少有人愿意彼此接触。他指出,加勒比地区的当代民族似乎没有私有财产或市场交换的概念。卢梭推测,人们在食物的自然资源开始枯竭时,开始形成了一个团体,并开始发展农业。联合起来捍卫自己的耕地,以防其他想要吞并其耕地的团体。"为了确保他们的自由,所有人都一股脑把自己捆绑在一起"[Rousseau,1963(1755):205]。苏格兰社会哲学家亚当·弗格森(Adam Ferguson,1723—1816)的理解更具洞察力:社会性是人类的本质。他反驳说,一个被困在树林里的野人,不会比一只从未见过任何事物的眼睛更能代表人类的原始状况。野人可能会有缺陷,就像原有功能从未发生作用的器官一样。

亚当·塞利格曼(Adam Seligman,1992)和基思·特斯特(Keith Tester,1992)在东欧剧变后撰写的关于市民社会的著作中,错误地表述了洛克在《政府论两篇》(*Two Treatises of Government*,1689)和弗格森的《文明社会史论》(*An Essay on the History of Civil Society*,1767)中首先提出的市民社会概念。洛克和弗格森都没有宣称市民社会是一个新现象。另一方面,特斯特对他所描述的市民社会做出了简单甚至过于简化的定义:市民社会是私人契约关系的社会环境;它超越家庭,但又不是国家。他认为,"公民"与

"野蛮人"的内涵是相对立的,市民社会是通过使社会关系文明化而建立的。因此,按照定义,其他非西方社会是不文明的(Tester,1992:8—10)。特斯特一直延续着19世纪渐进式的社会进化观。他正确地指出,洛克关于作为人类社会基础的表述,使资产阶级财产所有者普遍为人所知(Locke,1960:288;Tester,1992:44)。但是,这并不足以走到另一个极端,断言除了在商业资本主义基础上所建立的社会之外,不存在其他社会,即不存在人们为了追求自己的利益可以自由进入或者退出社会关系的社会。

塞利格曼争辩说,市民社会的观念是在17—18世纪为了回应社会危机而出现的,并在20世纪后期为了回应另一场危机而重新出现(Seligman,1992:15)。塞利格曼认为,在17世纪,土地、劳动力和资本的商业化以及市场经济的增长,导致政治理论家以社会契约观念替代束缚性的传统观念。因此,塞利格曼和盖尔纳一样,将市民社会的起源追溯到那个时代。非西方的社会生活有不同的组织方式,这一发现也使人对欧洲社会生活的"自然性"提出质疑。特斯特正确地指出了一个问题:"是什么让社会团结在一起?"在国王神权遭拒、商业资本主义推翻封建制度之时提这个问题尤其适切。但是洛克和弗格森的兴趣远不止于试图理解"现代性"的独特条件。与特斯特的主张相反,并非在17世纪才第一次"真正出现了由独立、守规矩和文明的个体组成的志愿团体"(Tester,1992:125),洛克或弗格森也没有这样认为(下文将给出17世纪前契约关系的更多例子)。

洛克、霍布斯和卢梭采用同样的社会学方法,发现人类的自然状态。一旦建立了假定的自然状态,就可以根据该参考点来衡量人们实际生活的状况。洛克撰写《政府论两篇》驳斥菲尔默的论点——即社会自然状态是"父权制"的一种,国王可以在其中将权力追溯至当初夏娃对亚当的服从。洛克提出了相反的观点。"我们是生而自由的,也是生而理性的"(Locke,1960:95)。根据自己的意愿行事而非迫于他人强迫的自由,是建立在拥有理性的基础上的(Locke,1960:309)。与霍布斯和卢梭不同,洛克更意识到人类本质上是社会性的。自然状态是一种社会性状况。"最初的社会是在夫妻之间"(Locke,1960:318—319,原文强调)。与塞利格曼的代表制相反(Seligman,1992:22),洛克显然认为契约存在于自然状态。婚姻契约是由伴侣自己"在自然状态中订立的,或基于他们所处的国家的习惯或法律订立的"(Locke,1960:321,我的强调)。洛克认为,自然状态具有两个鲜明的特征。首先,人们依靠自助来捍卫自己的财产,而不是诉诸授权机构。第二,契约双方在彼此之间制定协议条款。洛克显然认为市民社会是人类自然状态的一个方面(与 Laslett,1960:107—108 和 Seligman,1992:22 相反)。正如我们所见,弗格森也认为人类本质上是社会性的。"我们应从群体中去看人类,因为他们总是生活在群体中"(Ferguson,1995:10)。像洛克一样,弗格森也没有将理性或市民社会局限于商业资本主义。

对于洛克来说,当人们将自助权"交到社会手中"时,自然状态就结束了,政治社会应运而生。社会"成了仲裁人,用明确不变的法规来公正而同等地对待一切当事人;通过那些由社会授权来执行这些法规的人来判断"(Locke,1960:324)。现在,共同体设置了契约协议的条款。属于特定政治团体的人遵守共同的法律,并在解决争端时,承认相同的权威(Locke,1960:324)。再显然不过,洛克没有把市民社会看作是最近才出现的事物。同样,自然状态始终存在可能性:"不存在具有权力的共同裁判者的情况使人们都处于自然状态"(Locke,1960:281)。"那就很明显,不论过去或将来,世界上都不会没有一些处在那种状态中的人的"(Locke,1960:276)。

洛克将所有权定义为一种从自然状态中获取并通过劳动而得到改善的资源(Locke,1960:288)。洛克的说法可能会误导人们认为,他将所有权的起源与圈地运动(认为公用土地为无主之地)联系在一起,因此所有权起源于他那个时代[参见拉斯利特(Laslett)对洛克(Locke)1960年的社论脚注:288]。但是洛克承认,觅食者可以拥有财产:"谁把橡树下拾得的橡实或树林的树上摘下的苹果果腹时,谁就确已把它们拨归己用"(Locke,1960:288)。洛克此说无大谬:洛娜·马歇尔(Lorna Marshall,1976)写到,在卡拉哈里的昆族部落[Kung(Ju/'hoansi)]中,第一个将箭射到所追捕的动物的人,有义务把肉分配给营地的各个家庭。但是,被分掉的肉和被采摘的蔬菜食品,都将成为私有财产。一名男子因从蜜蜂巢中偷走了蜂蜜而被杀。正如历史学家彼得·拉斯利特(Peter Laslett)总结的那样:"将洛克的所有权学说转变为'资本主义精神'的经典学说是没有道理的"(Laslett,1960:106—107)。

像洛克一样,弗格森也没有将理性或市民社会局限于商业资本主义。"在原始时代的某个时期,村民可以按理智行事,按自己天真无邪的观点行事",管理他们自己的事务(Ferguson,1995:63)。法国传教士和人类学家约瑟夫-弗朗索瓦·拉菲托(Joseph-Francois Lafitau,1681—1746)描述了17世纪至18世纪的易洛魁人(Iroquois)同盟。联盟将包括莫霍克族(Mohawk)和塞内加岛(Seneca)在内的六个美国原住民族团结在一起捍卫他们在皮草贸易中的权利,并阻止欧洲定居者迁入现在的纽约州内。易洛魁族妇女种植农作物,土地权由妇女继承。男人们狩猎并从事毛皮贸易,加入他们妻子的世系群。弗格森(Ferguson,1995:64)得出结论,联盟依理保持运行。弗格森评论说,我们总是倾向于将未开化时代人类所承受的苦难夸大了,因为我们总是胡乱猜想"我们在一个并不熟悉的环境里可能忍受的煎熬"(Ferguson,1995:103)。每个时代都有得到慰藉的办法。在蒙昧时代,个人的人身和财产是安全的,因为根据荣誉和慷慨的准则,人人都有一个朋友保护(Ferguson,1995:104)。

进化就是进步?

奥古斯特·孔德(Auguste Comte,1798—1857)有时被认为是社会学的奠基人,他认为社会不能被简化为其构成成分——个体。社会制度就像动物体内的器官,局部的功能取决于其处于整体中的位置,这被称为"有机类比"。赫伯特·斯宾塞(Herbert Spencer,1820—1903)在19世纪中叶提出了这样的类比,认为社会进步是社会制度发展的结果。斯宾塞认为社会的发展就像动植物的有机体一样。与达尔文的自然选择理论相比较——在自然选择理论中,种群中个体之间的随机变异会对特定环境中的生存产生不同的影响,斯宾塞的理论则假定内部动力驱使人口朝着日益复杂的方向发展[Spencer,1972(1857):39]。斯宾塞和孔德将社会发展与思想发展联系起来,认为人类的思想将从非理性的迷信进化到理性的科学。这种观点已危险地嵌入到20世纪早期的社会学中,并且可以在德国社会学家马克斯·韦伯(Max Weber,1864—1920)的著作中找到,对此我们将在下文谈及。

弗格森对人类社会进化系列阶段的建构不同于洛克、霍布斯及卢梭。但这些阶段是关于财产从野蛮（狩猎和采集）到原始（游牧）的进化，并非是关于理性的进化。狩猎采集者的唯一财产是武器、器皿和衣服。由于狩猎是集体的，猎物一旦被捕获就属于社群，正如北美的原住民妇女集体种植和收获的农作物也属于社群。这种情况的出现也并非出于无知："人类意识到人与人应该平等，并坚持不懈地维护平等的权利。"(Ferguson，1995：83)

弗格森没有将他所居住的商业化国家，视为按照理性原则组织起来的市民社会的缩影。相反，他担心市民社会似乎受到威胁。他完全没有追溯到18世纪的市民社会起源，而是担心市民社会的消失。文明程度更高的国家拥有组织更好的军队，那些"更粗鄙"的民族倾向于被它征服。然而，这种关于优越性的假设并不成立(Ferguson，1995：94)。在商业社会中，民族精神可能会被忽略，因为人们依靠国家机构维护社会秩序。因此，社会变得越来越趋向于不同的职业分工，"社会生来就是由许多部分组成的，其中没有一个部分是受本该在民族行为中盛行的那种精神驱动的……人们不再是好公民"(Ferguson，1995：207)。像在那些被征服的地方一样，社群成员失去了同族或邻里的意识，除了贸易方面，没有共同事务要处理。"这个我们设想的构建了社会的强大引擎，只倾向于使其成员产生分歧，或在情感纽带断裂之后继续相互往来"(Ferguson，1995：24)。

自利与社会关系

塞利格曼同意弗格森的观点，即商业经济并不一定能促进社会凝聚力(Seligman，1992：138)。然而，塞利格曼是否正确地表达了弗格森的说法是值得怀疑的,当他在写"(18世纪的)重要且不断被意识到的是,人类受到两种截然不同且相互矛盾的原则所激励——利他主义和利己主义"时(Seligman,1992:26)。这是一个韦伯式的命题(Weber,1947:116)。确实,弗格森也曾写到,仿佛只有我们固有的社会性在抑制利己主义。他认为,如果人类主要关注自己的生存,那么我们将沦落到动物层面;在这个层面上,其他人不过是有用或有害的存在。实际上,我们对社会关系的重视远高于维持生计(Ferguson,1995:35—36)。然而,在其他地方,弗格森提出了更强有力的论点,即人们出于自身利益进入社会关系。在国家承担维护法律的责任之前,人们将自己的安全处境归功于"对朋友温暖的依赖,以及行使一切可能使他们受到尊重、敬畏或喜爱的才能"(Ferguson,1995:211)。"相互依赖、相互保护的纽带被捆绑在一起……君主国的臣民和共和国的公民一样,发现自己已成为一个积极社会的成员,并致力于在自由的基础上处理与同胞的关系"(Ferguson,1995:71)。在相对"未开化"的国家,财富可以不均等地分配,但差别并不大:"要享受美好的生活,他们必须生活在人群之中。为了保护自己的财产,他们的周围必须有那些在发生争执时支持他们的朋友"(Ferguson,1995:238)。我相信对于弗格森来说,一个有趣的问题是:为什么商业资本主义会破坏既自利又互惠或合作的社会关系?

洛克和弗格森的作品没有为建构现代=理性、前现代=非理性或"原始"的二元对立提供基础。亚当·史密斯和卡尔·马克思介绍了市民社会对现代资产阶级的限制(关于马克思的观点转变,请参见 Gouldner,1980:356—357;Tester,1992:49;Kingston-Mann,2003)。德国社会学家马克斯·韦伯最出名的是他主张新教教义的自由意志促进了资本主义的兴起,但他也建构了一种有影响力的政治组织理论,其中,他将"传统"与"官僚"政府相对照。基于从传统政府到官僚政府发展的理论(即从盲从传统到接受理性秩序),韦伯将理性等同于"现代",将非理性等同于"前现代"(Weber,1947:300,327)。我们不能引用洛克和弗格森来支持这样的说法:借助18世纪和19世纪发展起来的普遍公民身份,以广泛的团结取代建立在"信任与凝聚、特殊而且常常是原生的准则"之上的团结(Seligman,1992:146,我的强调)。然而塞利格曼一再将理性与原始社会关系相对立。(根据领土或亲族成员身份)"给定的"原生传统不再规定个人之间的关系(Seligman,1992:69,我的强调)。塞利格曼将欧洲东南部出现的族群民族主义归因于"成员资格、信任和团结的个殊性原生准则"(Seligman,1992:151)。上文概述的南斯拉夫个案表明,这过于简单化了。贝特·丹尼奇(Bette Denich)指出,在南斯拉夫解体的关键时刻,采用族裔认同成为一种合理的策略。她认为,工作和住房以及个人的生存取决于新国家以何种方式、何种名义构成。"如果要重新定义国家,那么普通公民就需要重新定义和国家打交道的方式,并且有理由担心,在按族群进行未来的权力分配时'会被冷落'"(Denich,2003:191)。发现或重申族群认同,并不是内生或非理性的冲动。

前现代欧洲的市民社会

中世纪的市民社会

特斯特和塞利格曼都声称在封建社会中"公与私之间没有区

别"(Tester,1992:14,Seligman,1992:30—31;特斯特将此主张归于黑格尔和马克思)。这完全不符合真实情况。在13世纪,为了协调农民对封建霸主的抵抗,乡村公社已经在法国和瑞士有效运作(Bloch,1966:168—170;Viazzo,1989:266)。在英格兰,乡村社区"自愿接受新的责任,让自己听命于义务履行,并承担金融责任……(但是)其法律地位不容易界定"(Cam,1962:79)。通常是个人或小团体与封建领主对抗,尽管村民有时会就租约成功地进行集体谈判(Hilton,1962)。法国的情况大不相同。每个人都知道,为了解决公共事务,相互角逐的权力中心讨价还价:谈判的一边是村庄全体,另一边是贵族或国王(Mendras and Cole,1991:127)。我自己在法国东部的档案研究显示(Layton,2000),后期古代政权不断要求弗朗什-孔泰(Franche Comté)地区的村社进贡。例如,根据我所研究的佩拉波特(Pellaport)的村公所保存的档案记录,1673年佩拉波特村民大会质疑当地修道院僧侣的指控——僧侣们指控说他们在缴纳什一税的时候,欺骗修道院,故意把大麦掺和到燕麦里。1761年,一位当地的领主试图恢复其所有权,他声称该所有权属于较早的领主持有人,这在1549年和1657年的文件中有记录。佩拉波特的村民大会回应说,这是法国法律无可争议的原则,与庄园主建立朝贡关系必须要三分之二的居民在自由集会上表示同意。集会产生的文件证据表明,在1657年,该村有30到40个家户,但是这位庄园主的文件仅由七名男子签署,当时其中一些人已经与该庄园主有其他的义务连带关系。村民们以同样的理由否定了1549年的合同。

英国长期存在一个政治思想流派,其观点认为,农村是民主的摇篮。这个流派的观点符合克鲁泡特金(Kropotkin)的本意,直接与塞利格曼、特斯特及盖尔纳的观点相左。它所赞颂的共同体类型是典型的"敞地"[Open Field，(Champion) zone]，该区域从多塞特郡(Dorset)和萨塞克斯郡(Sussex)，到米德兰郡(Midlands)，一直延伸到约克郡(Yorkshire)。在10世纪至18世纪之间，每个在敞地制辖区内的英国村庄，都在自己的乡村法庭中选取一个陪审团。法院接纳新的自由土地拥有者和租户进入共同体，并通过相关法规，规定居民必须维修烟囱和清理人行道，禁止他们耕种时超过田埂，占据通道，或是在收割作物前把牲畜放到田地里来。陪审团还限制了每个家庭可以放牧的牲畜数量(Ault, 1972; Chibnall, 1965: 231; Orwin and Orwin, 1938: 154—159)。

民主源自乡村政府论的支持者，它的起源可追溯到盎格鲁-撒克逊人(Anglo-Saxons)带给英国的日耳曼风俗。维多利亚时代的历史学家爱德华·弗里曼(Edward Freeman)于1863年访问了瑞士，并见证了当地的一次公共集会。他将这种经历描述为"梦想的实现"……看到(人类)允许使用远古的日耳曼自由人的权力……永恒的民主……这是塔西佗时代古代宪法的遗物(引自Burrow, 1981: 169)。在17世纪，英格兰社会的盎格鲁-撒克逊人起源，被用来发展"诺曼之轭"理论(Norman yoke)。根据这一理论，1066年以前的英格兰人是自由和平等的公民，通过盎格鲁-撒克逊殖民者带给英格兰的代议制实施自治(Hill, 1958: 64)。历史学家克里斯托弗·希尔(Christopher Hill)忽略了英格兰盎格鲁-撒克逊人已经存在社会不平等这一事实，但认为这种不平等可能在整个中世纪都普遍存在(比较MacDougall, 1982: 57)。议会的支持者认为，英国习惯法源于盎格鲁-撒克逊时代，并在战争中幸存下来，为国王对人民负责的原则提供了法律先例。对于平权者而言，在英国内战期间政治激进派的积极分子参加反对君主立宪制和私有财产,日耳曼部落村庄共同体实现了人的自然权利(Hill, 1958: 81)。弗格森提到"某个原始时代"的自治村庄时,想到的可能是这个传统。

希尔(Hill, 1958: 76)接受历史论的主要观点,声称早期的盎格鲁-撒克逊社会肯定比取代它的诺曼社会自由得多。他注意到的难点在于,人们对实际上的盎格鲁-撒克逊社会形式知之甚少(而且,也许还可多加一句,人们对塔西佗所描述的早期社会知道的更少;参见 Layton, 2003: 106—107)。历史学派的根本弱点在于,它无法解释为什么这些拟设的日耳曼习俗得以存留,无法说明其服务于谁的利益,也无法解释这类人群何以能够生存下来。正如希尔所写的那样,它没有这样看问题:"社会是一个整体,其体系和思想本身与社会结构有关;效度是相对的,而非绝对的"(Hill, 1958: 116)。

圈地——市民社会的两个愿景

弗里曼等作家赞美的乡村民主制度随着圈地运动的结束而告终。圈地运动将公共土地私有化,并解散了管理公共资源的农村公社机构。圈地运动对"开放地"的影响非常大。敞地制起源于盎格鲁-撒克逊时代的后期,是一种基于谷物种植和牲畜饲养来管理经济的方式。村庄附近较好的土地被分成了个人拥有的条状耕地,这些条状耕地被耕犁后可种谷物。这些条状耕地又长又狭窄,所以中世纪那种要用牛拉的笨重的轮式犁很难在上面掉头,而越是长条的耕地,就越少需要调转犁头。为了确保每个家庭都能有不同类型的土壤,各个家庭的耕地是混合在一起的,但是,长而窄的耕地的周长要比相同区域的正方形耕地长得多。确保牲畜远离谷物田,就无需围栏了,牲畜被放到远离村庄的较贫瘠土地上。将村庄的牲畜放在一起,可以使一个人照料的牲畜远比一个家庭的牲畜多,从而使其他人可以在田间工作。为了休耕使耕地恢复活力,将条状耕地集中成较大的"敞地",其中一块可以在任何一年休耕。人们将家畜放牧在休耕地上,可以给土壤施肥。

因此,敞地制是对中世纪农业的非常有效的适应。它因多种原因被取代了。一些家庭开始在休耕地种植以前仅限于花园的农作物,例如豌豆和黄豆。豆科植物也可以使土壤恢复活力,但必须有围栏与牲畜隔离。一个更会革新的家庭开始将严格集体管理的老式敞地制视为过时。然而,许多最近的研究认为,取消敞地的主要动力来自一些大地主,他们想要发展新作物以利用不断增长的农业市场。小农户不得不变成租户,而公地则被用来耕种。

赞成和反对圈地运动的政治辩论,表明了两种思想流派的出现,直到现代,仍然存在于有关市民社会的辩论当中。圈地运动的提倡者会支持这样的说法:市民社会"可视同私人契约关系的社会环境"(Tester,1992:8)。反对者会支持这个说法:市民社会是"自治社团的网络……围绕共同关心的问题将公民们联系在一起"(Tester,1992:8,引用Charles Taylor的话)。公地人口过多,放牧不受限制(即不受管制),这种说法被作为发动圈地运动的理由(Neeson,1993:36—37),但是也有许多文献记载的乡村陪审团通过罚款来控制公共土地的例子(Neeson,1993:88,116)。

自20世纪70年代以来,人们开始重新辩论有效管理公共土地的问题。政治学家加勒特·哈丁(Garrett Hardin,1968)重温威廉·劳埃德[William Lloyd,1964(1833)]的观点,认为除非当局压制,否则,共同财产的管理不可避免地要比私有财产的管理差。如果无法进行管制,那么当其他家庭将太多动物放到公地上时,一些家庭对他们放牧的动物数量的自我约束将受到损害。这些搭便车者导致了所有人赖以生存的生态位退化,而他们是唯一受益于过度放牧的人。因此,合理的策略是让所有人过度放牧,破坏公地的价值。哈丁认为,只有政府实施制裁或公地私有化才能实现负责任的管理,他并不重视用户之间自我调节的可能性。

另一个流派是由政治学家和人类学家邦妮·麦凯和詹姆斯·艾奇逊(Bonnie McCay and James Acheson, 1987)以及埃莉诺·奥斯特罗姆(Elinor Ostrom, 1990)创立的,他们使用新达尔文主义的理论来论证,根据不同的情况,个人和集体所有制都是有适应性的。自我规范取决于限制对共享资源的使用权和使用,而公地因此必须被视为领地。

社会生态学根据达尔文进化论原理研究社会行为。它与更具决定性的社会生物学和进化论心理学方法不同之处,在于更重视习得的文化行为在人类社会进化中所起的作用。但社会生态学认为,在实践中,如果同时有几个可选择的社会策略,那么能最适应当地的社会和自然环境的策略将逐渐取代其他竞争策略。领地社会生态学理论最初是为了解释动物的行为而被发展的,最早由拉达·戴森-赫德森和埃里克·奥尔登·史密斯(Rada Dyson-Hudson and Eric Alden Smith, 1978)应用于人类领地研究。该理论认为,只有在领地内资源足够充沛且预计高于防御成本时,才会有领地的边界防御。当资源匮乏且不可预测时,单个家户围起一小片地,就是浪费精力,每片被围土地都有资源耗尽的风险,因而得不偿失。戴森-赫德森和奥尔登·史密斯认为,东非牧牛场的卡里莫宗(Karimojong)以"部落"为单位捍卫牧地,是因为草和水的分布太不可预测,无法将其划分为由各个世系群护卫的小片区。另一方面,小片的玉米地由种植它的卡里莫宗的家户护卫。地理学家罗伯特·奈廷(Robert Netting)在分析瑞士托贝尔村(Törbel)的土地所有权时采用了相同的论点。高山牧场上的草太分散且不稳定,分为单个家户拥有的土地的成本和风险因此不能持平。集体管理效率更高。私有土地都位于海拔较低的、较富饶的土壤上(Netting, 1981:60—67)。

阿尔卑斯山公地的使用远非对托贝尔村所有的老百姓开放,而是受到社区严格监管的,仅允许该村的居民使用它,并且可放牧牲畜的数量也受到控制。麦凯(McCay)和艾奇逊(Acheson)指出,在中世纪和中世纪后的敞地制下,英国公地的使用也通常受其所属社区的管制。奥斯特罗姆(Ostrom)认为,哈丁(Hardin)的模型并没有错,但是缺乏哈丁所声称的普遍性。哈丁提出的"放开进入"方案不是唯一的可能性。博弈论在社会策略演变研究中的应用,预测了个体可以在相互信任的基础上形成稳定联盟,而这种相互信任可以避免过载使用的"悲剧"。当个人反复互动时,合作可以成为一种稳定的策略(请参阅第二章中关于"囚徒困境"的讨论)。这样一些人最可能成功:他们在当地环境中定期互动,已经发展了共同的互惠准则和互惠模式,可以监控他们的团体是否遵守商定的使用额度,并且能够惩罚搭便车的人(Ostrom, 1990:184—188)。在消防队、部队等产生的要听命服从的强大压力,也出现在农村。历史学家尼森(J. M. Neeson)声称,在英国公地过度放牧的情况很少,事实上,故意过载放牧是拥护圈地的富有地主使用的策略,以便证明普通放牧效率低下(Neeson, 1993:88, 116)。

麦凯和艾奇逊反对哈丁和劳埃德的观点,他们认为,英国的圈地运动是由资本主义崛起所特有的条件(农业方法的改善和农产品市场的增长)促成的,而不是由于公地管理固有的弱点。

古尔德纳将市民社会的起源追溯到"西方在乡村和城镇中发展起来的封建结构之外独立自我管理的社会组织"(Gouldner,1980：361)。圈地运动的反对者对丧失村庄民主的状况进行抨击(例如,Nourse,见于 Neeson,1993：20)。他们认为,圈地运动对乡村社会的破坏也危及整个国内关系,导致公开的不满和暴民统治的风险(Neeson,1993：22)。

圈地运动的拥护者认为,共同财产比私有财产更原始,他们将东英吉利的沼地人(fenmen)与美洲原住民和鞑靼人(Tartars)进行了比较(Neeson,1993：30—31)。在这里,您可以发现塞利格曼和盖尔纳如何处理"原生纽带"的起源(有关这一思想的更广泛的说法,请参见 Duffield,2001：110)。欧洲的"进步主义者"将私有财产视为一切美德的来源,从经济计划到高道德品格:亚当·斯密在《国富论》中,将理性的进步与私有财产联系在一起。布莱克斯通(Blackstone)的评论将私有财产和排斥他人的权利与自由联系起来(Kingston-Mann,1999：10—20)。汤因比(Toynbee)和普罗瑟罗(Prothero)在 19 世纪 80 年代发表的英国农业革命的记载激发了普遍想象,他们将特殊的创新归功于那些战胜了保守的乡巴佬群氓的"伟人"(Overton,1996：3)。所有这些主张都是塞利格曼和盖尔纳所持立场的先声。

是否真需要开展圈地运动来改善农业?这个问题存在争论。农业发展起源于荷兰的小农户,在法国和德国的部分地区没有经历圈地运动就出现了农业发展(见 Layton,2000：84—86,261,

336—346）。迈克尔·哈文登（Michael Havinden，1961）写到，尽管习惯于将开放农业视为落后和停滞，但牛津郡的许多敞地农业的重要进展都是在18世纪农业进步观念流行之前发生的（参见Neeson，1993：157）。亚瑟·杨（Arthur Young）忽略了他自己的发现，即在敞地和圈地上都使用了相同的过时技术，而圈地对产量的影响很小（Kingston-Mann，1999：17—18）。马克·奥弗顿（Mark Overton，1996）同样提出了这样一种观点，即英国农业中的技术创新是由圈地促成的。小农户在17世纪实现了生产力的大幅增长，而18世纪的革命是土地所有者从农业中获得收入的一种方式（Overton，1996：6—7，引自Allen，1991）。随着技术的进步和农作物市场的增长，圈地的价值比敞地的价值更高，可能高出30%。这吸引了那些打算把土地出租给租户的地主，取消圈地的什一税增加了土地所有者可赚取的利润（Overton，1996：163）。

圈地并没有给农村社区带来更大的民主。在废除乡村陪审团和1894年的《地方政府法案》之间的这段时间里，仍由未当选的治安法官（通常是当地乡绅）负责地方政府（Newby等，1978：221—224；Plumb，1990：34—35；Wilson and Game，1994：42）。塞利格曼指出，1832年的第一部英国《改革法案》使六分之五的人被剥夺了选举权。即使是1884—1885年的改革，也将大约一半的城市男性工人阶级排除在公民身份之外。市民社会受到威胁。而且，正如马克思所坚持的那样，雇佣劳动是剥夺公民选举权的另一种形式。

盖尔纳和塞利格曼主张的观点是，市民社会与私有财产和商业经济有着独特的联系，因此市民社会诞生于英国耕地所有权与管理权的竞争中。当塞利格曼声称封建主义没有完全实现"一个由自治、道德和经济个体行动者组成的市民社会"时，他在重提圈地运动者的观点(Seligman,1992:107)。敞地村庄的市民社会阻碍了强大的利益,解散这些市民社会就开放了它所控制的土地。纪律严明的农村反圈地暴动,是为保存和维护共同权利和面对面的交易市场而发动的事件(Overton,1996:190)。埃斯特尔·金斯敦-曼(Ester Kingston-Mann)指出,马克思主义者也因为半自治社区威胁国家权力而反对俄罗斯农村公社——米尔(mir)。"苏联官员把地方主义和公社自治视为对国家垄断的领导权、威权及控制权的威胁"(Kingston-Mann,1999:183)。马克思主义者把注意力转向了城市无产阶级,因为他们发现很难"对一个与家庭、土地和社区保持牢固联系的社会成分"进行社会控制(Kingston-Mann,1999:175)。

辩论仍在继续。关于敞地制阻碍了合理的土地管理的说法,可以和达伊(T. E. Day)的描述相类比,他将澳大利亚中部原住民的土地说成是"一笔无用闲置的财富,这简直是犯罪"(Day,1916,见于 Layton,1986:64)。根据达伊的说法,只有经营大牧场及随后的圈地,才能致富。约翰·考珀(John Cowper)在1732年的评论中说:"与'整体利益'相比,少数地主的利润是无足轻重的"(Neeson,1993:21),这类似于一位传教士反对在澳大利亚中部设牧业点的评论。"有如此众多的本土人获取食物的这片广阔地区,希望不会为一个白人的利益而被夺走"(Albrecht,1937,引自 Layton,1986:65)。考古学家兰德尔·马圭尔(Randall McGuire)描述了美国白人对西南原住民的传统普韦布洛(Pueblo)社会的两种常见反应。科利尔(Collier)是印第安人事务总监,在西南部倡导印第安人自治,但"在科利尔和他的改革派找到了社区合作的地方,保守派(试图废除原住民土地占有权的人)却发现这里对个人权利和自由的侵犯"(McGuire，2002：139)。一种社会秩序在特定情况下可能是合适的，但是当它的支持者把这种策略变成他们声称普遍有效的政治意识形态时，理论分析就变成一摊浑水。

结　　论

在本章开始时，提出了三个问题：

- 应该如何定义"市民社会"？
- 市民社会是否必然与商业经济相关联(如盖尔纳和塞利格曼所说)，还是可以在不同的制度下出现(如汉恩和怀特所主张的那样)？
- 市民社会是否必然要支持或破坏国家？

为了避免产生偏见，我已经讨论过，认为有必要进行描述性定义，将市民社会定义为"处于家户与国家之间空间的社会结构，它使人们能够协调对资源和社会活动的管理"。最近关于市民社会的讨论中，有许多涉及民间组织与国家之间的互动。但是，要了解这种互动是如何发生的，我们需要更广泛地研究组织领域，调查在特定时间导致其政治动员的情况。明确说明市民社会应在国家中扮演何种角色(无论是反对还是支持国家政策)的功能性定义，将不可避免地取决于作者对国家的评价。市民社会及支撑市民社会的人类理性社会行为与商业资本主义有独特联系，这种说法来源于圈地之争，在政治上过于偏狭，无法支撑市民社会的跨文化研究。塞利格曼承认："我并不是认为，群体身份的存在会阻碍市民社会的存在。"(Seligman，1992：163)他承认，志愿团体、政党、利益集团和公司团体至关重要。但是塞利格曼认为，这类群体不同于族群,只有前者是"为了在机构层面追求共同利益"而组织起来(Seligman,1992:164)。不过,这恰恰是族群民族主义团体的目的。根据塞利格曼的观点,只有族群"提出了一种不同于整个社会的道德愿景"(Seligman,1992:164)——但是政党就是这样做的!塞利格曼声称,只有志愿团体和公司团体等,是基于"工具理性的行为模式"的。但是在零和博弈中,如后共产主义时期的南斯拉夫那样,族群排他主义可能非常"理性"。如果设计市民社会概念的目的,是解释人们如何可以通过自利的理性行动,创造稳定的社会关系格局(如洛克和弗格森所言),那么这个观点应该拿到所有形式的人类社会中去检验,以确定哪种形式的社会能够最有效地促进人们在不同的社会和自然的环境中追求自我利益。

第二章
自利与社会进化

洛克之自然状态中的市民社会

个人与社会

第二章重新考虑了亚当·弗格森提出的问题：维持社会关系与自私自利之间是否存在竞争？或者说，维持社会关系符合个人利益吗？本章举例说明人们如何努力追求秩序，也同样努力制造无序。本章认为，必须通过社会互动的"生态"来解释维持社会关系的成败。投资于社会关系对个人有什么好处？不同的社会策略很可能在不同的社会环境中取得成功，并且，如果社会环境恶化，人们可能会通过缩小其社会关系的范围来对此做出回应。因此，本章还将解释，有关生物进化的生态学立场在多大程度上可以提供适当的社会过程解释模型。第三章将根据这个理论框架来分析社会秩序的崩溃。

托马斯·霍布斯（Thomas Hobbes）将人类的自然状态设想为随机无序，其中每个人都试图通过控制他人来寻求自我保护

(Hobbes，1970：65)。人们只有相信任何骗子都会受到惩罚，才愿意为全体利益而努力。正如加勒特·哈丁(Garrett Hardin)所说的那样，由于过度开发，"普通百姓的自由带来全人类的毁灭"(Hardin，1968：1244)。所以，在霍布斯的想象中，在"人类的自然状态"里生活的人们为了让被选出的君主维持和平，随时愿意将足够的个人自由托付给他。第一章回顾：洛克不同意霍布斯的主张，即人类的自然状态是人人相互为敌。洛克认为，人们可以在没有君主的情况下，理性地生活在一起，这是人类学和行为生态学所证实的一种洞见(尤其是通过证明共同财产的合作管理是有持续性的)。然而，洛克同意，没有上层权威的存在，一起生活的人因无人有权介入而很容易陷入战争状态(见第一章)。霍布斯的主要目的是在秩序与无序之间建立一种逻辑上的对立，并借此评估当代欧洲社会的实际状态，而不是鉴定一个真实存在的状态(Hill，1958：271)。即使他的回答似乎很简单，霍布斯的确发现了洛克也承认存在的一个重要问题，而人们仍在尝试回答它：如何创造条件使人们愿意放弃个人当下的自私目标，从而使自己获得长期利益？最近的研究已经聚集到或回到了霍布斯的困境中，但是提供了更详细的答案，解释了社会秩序与无政府状态之间的关系。一方面，诸如拿破仑·夏侬(Napoleon Chagnon)(我们将在第四章中对其进行评估)这类学者认为，地方性战争的确是小型社会的特征。另一方面，行为生态学家(社会生态学家)追随洛克，认为合作和互惠可以通过自然选择或理性自利来发展。最重要的是，行为生态学家解释了为什么社会秩序并不总是依赖于一个至高无上的君主。洛克正确地指出，"自然状态"并不一定是每个人对其他人的战争。本章的第一部分着眼于在自治的地方社区中，社会秩序是如何被维持的。第二部分从进化论的视角出发，评估使社会策略可持续或不可持续的条件。

社会科学家长期以来一直对进化论持怀疑态度，既因为它关注遗传特征，也因为它以个体为分析单位。本章反对这种怀疑，认为在进化论和社会理论之间存在着富有成效的和解空间。这一辩论部分源于社会学家赫伯特·斯宾塞（Herbert Spencer，1820—1903）和埃米尔·涂尔干（Emile Durkheim，1858—1917）的研究，他们认为社会的利益凌驾于其个人成员的利益之上，因此，社会通过支持法律法规维护自身利益。斯宾塞和涂尔干正确地认识到社会是一种"新兴"现象。语言、法律、亲属关系、政府是由社会互动创造的，而不是孤立个体的财产。第三章和第四章将回归此见。人类的进化已经在社会环境中进行了数百万年，并且个人已经适应了从社会生活中受益。然而，涂尔干［Durkheim，1938（1901）］走得更远，他认为，当个人履行家庭义务时，当他在教堂做礼拜或接受合同法时，他就会顺从不顾个人意愿、强加给他的那些社会现象。个人在顺从社会要求的同时，可能没有意识到社会对他的约束。涂尔干指出，一旦个人违规，社会通过当众耻笑来维护道德，或诉诸正式刑罚来维护法律。因此，许多社会科学家认为，在研究社会生活时以个人为分析单位是不合适的。

这种理论的发展与欧洲民族国家的兴起之间存在一个有趣的巧合，它在法国后现代主义哲学家米歇尔·福柯（Michel Foucault）的著作中得到暗示。涂尔干可能会不知不觉地将集权意识形态纳入他的理论。福柯（1977）挑战了一个普遍的观点，即启蒙运动为个体作为公民的权利带来了新的尊重。福柯将启蒙运动与社会控制方法的转变联系起来，从公开展示惩罚手段到更隐晦的手段，从酷刑到规训。他认为,监视和规训是在普鲁士军队中首先发展起来的现代国家的工具,用于矫正那些偏离"共同利益"的人。福柯认为,隐藏或以集体利益为由而正当化这些做法,实际上,使之变得更有利于强大的精英群体。以赛亚·柏林(Isaiah Berlin, 2002: 47, 68)同样认为,将个人意志与国家意志对等,认为精英具有独一无二的执政资格,这两种想法,都是个人自由的主要敌人。

人类学家倾向于通过研究最简单的人类社会来解决这类问题。在最简单的人类社会中,人们可以最清楚地看到社会生活的基本方面。虽然这些研究作为一个起点有一定意义,但是对狩猎采集者之间的互惠与合作进行的分析,避开了福柯辨明的权力问题。一旦我们的分析进入较复杂社会,就需要处理这种权力问题。

从20世纪的20年代到50年代,功能主义学派在英国人类学中占主导地位,美国社会学家塔尔科特·帕森斯(Talcott Parsons)的研究也与之呼应;功能主义学派的某些方面与进化论一致,但在其他方面追随涂尔干。人类学家布罗尼斯拉夫·马林诺夫斯基(Bronislaw Malinowski)提出了一种符合达尔文进化论的社会行为理论,他将习俗的功能定义为"通过文化手段来满足(个人的)主要生物需求"(Malinowski, 1954: 202)。马林诺夫斯基在西太平洋的特罗布里恩群岛(Trobriand island)广泛进行田野调查,首领之间的联盟维持了岛屿之间复杂的贸易关系网络,作为持续关系的标志,这些首领相互交换珍贵的贝壳臂环和项链。马林诺夫斯基将太平洋的特罗布里恩岛民视为有理性的人,尽管他们对自己也参与编织的整个关系网络缺乏意识,却能够利用社会关系,尽可能为自己谋利。马林诺夫斯基的岛民与洛克的市民社会的理性参与者非常相似。

以阿尔弗雷德·拉德克利夫-布朗(Alfred Radcliffe-Brown)为首、占主导地位的功能主义学派紧随涂尔干,将个人的利益归入"社会系统"的利益之中,使社会科学和生物学家之间的分歧持续下来。布朗认为,个体行为提供了风俗习惯的具体案例,但为了真正做到科学化,人类学家应该呈现一幅新兴社会秩序规律的图景。人类学家的目标是发现制度如何"足够和谐或内部一致地运行(作为系统持续运行),而不会产生无法解决或无法控制的持续冲突"(Radcliffe-Brown,1952:181)。布朗的立场很有可能陷入"群体选择"谬误,即假定那些为了共同的利益而压抑个人利益的人将获得更多成功,而自私自利的行为也会因此被对冲掉。这种假设的困难在于,如果这样的社会行为是(例如)由基因决定的,那么那些放弃自私的繁衍取向、使他人受益的人,将无法把他们的利他基因传递给下一代。相反,利他主义将被利己主义所取代,以此类推,当人们投身于理性的自利行动时,会出现同样的结果:当那些牺牲自己利益造福于"社会"或"团体"的人被牺牲时,自私自利将蓬勃发展(Trivers,1985:79—85)。"公地悲剧"就是这种困境的一个显著案例,当稀缺公共资源的使用无法被控制时,这种困境就会出现。如果不能阻止某些人过度开发资源,那么其他人将不会因为克制而受益:他们的克制只会给"搭便车者"机会得到过多的好处。加勒特·哈丁(1968)预测,一旦开始过度利用公共资源,所有人都将放弃限制,并在资源逐渐消失之前尽其所能地获取不断减少的资源。这虽然是真正的风险,但许多历史上的案例证明,当地社区可以成功管理公共资源,而哈丁错误地认为这是不可避免的。因此,弗格森在其市民社会历史中也确定了一个逻辑问题:利他主义和自我主义的原则是否互相矛盾?还是人们可以通过促进社会关系来提高自身利益？因此,为了探讨这个问题,我将从小规模社区的一些例子开始,然后再考虑民族国家层面的稳定性。

两个案例

当我们面对小型和边远的社会发生暴力的证据时(例如 Wrangham and Peterson,1996:77),很容易忽略人们也在努力限制暴力和创造秩序这样一个事实。有鉴于此,前两个案例研究来自因纽特人和19世纪的南非殖民地边界。因纽特人呈现了一个有趣的悖论:在近来已知的狩猎采集社会中,他们拥有最简单的社会系统,然而他们却是拥有最复杂的技术的社会之一,这也是在北极生存所需要的。在传统的因纽特人社会中,只有两个基本角色,即成年男子和成年妇女(我在这里先忽略萨满文化的重要性)。核心家庭构成了基本的社会单位。夫妻的生存绝对需要彼此依赖,但是核心家庭并不是孤立的。拥有领土的"社群"有300至600人,并且同一社群中的家庭之间有着高度的合作。每个社群都被称为其领土(-miut)的人民[如纽纳米特(Nunamiut),塔勒米特(Taremiut)的人民],其成员共同捍卫该领土及资源,以防外来者侵害。

成功的因纽特猎人会赢得尊重,可能吸引追随者,并成为其社群的领导者,但在传统因纽特人社会中,领导地位是建立在共识而非权力的基础上的。一个男子不能保证必然继承父亲的地位,也不能保证哪个男性必然能让自己的儿子继承财产。因纽特人生活在高风险的环境中,他们愿意分享财产,因为每个人都知道相对地位很容易逆转。"在传统的西北阿拉斯加相互依赖的策略中,最基本的考虑是:没有亲属的帮助,包括基本的生存本身在内的任何人生目标都不可能达到(Burch,1975:198)"。

惩罚违规者的社会行为准则并不多见。基本原则是：被所有其他人依赖、有活动能力的成年人必须活下来。因此，两项最基本的罪行是：偷走已婚妇女和杀死猎人。如果犯下了这些罪行中的其中任何一项，社群将鼓励蒙冤的丈夫或死者的亲属通过"自助"获得补偿。社群内的偷妻问题用对歌解决；更善于嘲讽对手、娱乐观众的男人，将有权留下这个女人。处理谋杀案则更困难些。预期的报复是杀死凶手，但一个人的报复是另一人的谋杀，一连串的报复性杀戮可能会演变成威胁所有人的长期血亲复仇。

亚当森·霍贝尔（E. Adamson Hoebel）指出，仅杀害一个人的凶手与杀害许多人的凶手之间的区别在于，前者是对死者家属的私人犯罪，而后者是对整个社群的公共犯罪。杀死数个猎人会威胁到所有人的粮食供应，两项罪行均由霍贝尔所称的"公共意见法庭"审判。但是，处理方式是不同的。"一次谋杀是由受害人亲属报复的私人错误，反复的谋杀成为公共犯罪，应由社群代理人处以死刑"（Hoebel，1954：88）。刽子手首先要获得社群的同意，这是至关重要的。霍贝尔引用了一个案例（Boas，1888：668），阿克德米勒（Akudmirmiut）的酋长获得了处决多名凶手的许可："如果获得这种批准，就不能对刽子手复仇，因为他的行为不是谋杀。这是对公众（罪犯）的处决"（Hoebel，1954：88；比照 Burch，1975：198，204，以及 Mary-Rouselière，1984：440—441）。

《黑色边地》（*Black Frontiers*）（Kemp，1932）以亲身经历生动地描述了 1886 年约翰内斯堡的淘金热，栩栩如生地呈现了殖民边地的金矿工人中的失序状况。萨姆·肯普（Sam Kemp）十七岁时离开英格兰，航行到德班，从德班徒步前往比勒陀利亚。当他在比勒陀利亚时，有消息传出，在三十六英里（1 英里合 1.609 3 公里）外发现了金矿。

一大群人疯狂地涌向金矿地,约翰内斯堡小镇如雨后春笋般冒出,形成一条稀稀拉拉的主干道。肯普对此场景的描述如下:

> 在这个小镇如雨后春笋般出现的地方的东部,是一片灰色岩石礁矿脉出露区。在它周围的沙子中,在两侧延伸的空地,都是金子,很多的金子……
>
> 显然,第一个要解决的问题是沿珊瑚礁划界,标出所有权。这很容易。但是,针对所有进入者保住这一所有权,则远非易事。在一个人来人往的定居点的某个地方,应该有一位采矿专员,但似乎没人知道他是谁,或是他藏在哪里。结果是一场盛大的狂欢,一场混战。枪战很快就开始了;在随后的日子里,变得更加疯狂。

国家显然已经放弃了主权。社会秩序处于最脆弱的状态。狭隘的个人利益一直占据主导地位,直到最终发生了一系列谋杀案,导致"受人尊敬的公民或胆怯的公民"提议任命一个执法官,并由法官和检察官支持。然而没人愿意担任任何职位。正如肯普所说,那是一个"自杀俱乐部"。最终,一个绰号为理斯比·琼斯(Lispy Jones)的看似温顺的英国人接受了执法官的职务,但谋杀案仍在继续。"每个罪犯都有一群同伙,他们面目可憎,必要时会对法官、检察官和陪审团做出极端挑衅的举动。"肯普很不情愿地成为理斯比·琼斯的代理人。当一伙八人的陌生人突袭其中一个酒吧,并从三四十名赌徒手中偷走了全部黄金后,事情闹到了理斯比·琼斯这里。直到该团伙离开酒吧,也没人敢开枪,然后有人姗姗来迟开了灯。该团伙逃到了"距城镇二十英里的一个隐蔽的峡谷"。曾经有一次,该镇团结起来对抗过这个共同敌人。理斯比·琼斯组建了一个民防队,从镇上挑选了八个最好的射手。到达峡谷后,他让同伴们等待,因为匪徒被困住了。该团伙的领袖哈格里夫斯(Hargreaves)冷酷无情,要求和理斯比决斗。为了避免不必要的流血,理斯比接受了。两人朝对方骑行,发射他们的左轮手枪。理斯比奇迹般地胜利了。首领死了,整个团伙都同意投降,被带回约翰内斯堡。"没有朋友作伪证或帮助他们杀出一条逃路,这些罪犯被判有罪,处以死刑。"显然,哈格里夫斯犯了两个错误:第一个是同时从这么多人那里偷金,就像因纽特人的多案凶手,以至于他的团伙被认为是整个社区的威胁;这个错误更加强化这样一个事实,即哈格里夫斯的团伙是没有当地人支持的陌生人(Kemp,1932:23—31)。不幸的是理斯比并没有坚持干很久,肯普也没有提到是否有人挺身而出顶替他的位置。

生物学理论与社会策略

亲属关系和社会适应

亲属关系和族群身份为市民社会内部可能破坏国家的社会群体提供了强大的基础。我们不应像欧内斯特·盖尔纳和亚当·塞利格曼一样,将它们视为"原生",暗示它们是非理性的。但是为了能有更好的理解,我们可以思考,亲属关系和族群身份在社会生活中可以为个人提供哪些优势。在非人类物种中,社会生活中最基本的形式是生物个体通过与同物种的其他成员互动,来提高自身的生殖适应能力(Trivers,1985:41—65)。我们承认亲属关系是人类社会互动的基础[在第一章中我们提到了亲属关系对努尔人(Nuer)和索马里人(Somali)的重要性]。作为组织社会关系的一种方式,亲属关系最大的优势在于,它拥有潜能,让互动形式自然而然地生成。一个人是他们父母的孩子,是他们兄弟姐妹的兄弟姐妹,依此类推。如果某个社会团体的成员资格是由父系或母系血统分配的,那么此人将自动成为其父亲或母亲的团体的成员。在没有人为干预的情况下,提供合作与互惠的社会关系组织似乎就可以展开,社会可以自然而然地得到再生产。虽然在我们自己的社会中,亲属关系相对不那么重要,但是直到第二代堂表姊妹这一层亲属关系,我们通常也都能说得出名字。①

生物学上的原因也可以较好地解释为什么人们愿意选择与亲戚而不是陌生人保持关系。因此,生物学和社会科学家从不同角度研究了亲属关系的重要性。达尔文提出的生物进化针对基因的成功传递。威廉·汉密尔顿(William Hamilton)和罗伯特·特里弗斯(Robert Trivers)提出了两种进化论来解释亲属关系在人类社会行为中的重要性。威廉·汉密尔顿(1964)提出了第一个解释社交互动如何促进动物繁衍成功率的理论。汉密尔顿在生物学领域举世闻名,不仅因为他以数学的精确性证明了如何通过自然选择使得遗传决定人类会倾向于对亲属实施利他行为,而且也因为他的博士学位论文被审读专家否决,专家们没有意识到这篇论文的重要性(Trivers, 1985:47)。作为回应,汉密尔顿发表了两篇相关论文(Hamilton, 1964),展示了他的思想的独创性。汉密尔

---

① 在2002年至2004年间对149名第一年人类学专业学生进行的调查中,有51%的人知道曾祖父母的名字,49%的人知道第二代堂/表兄弟姐妹的名字,不到5%的学生能知道远亲的名字。

顿的预言得到后来研究的支持,这些研究表明某些动物进化形成了微调的能力,以识别它们与其他个体的亲缘关系,并相应地调适自己的行为(Trivers,1985:129—135)。

假设社会行为完全受基因控制,汉密尔顿提出两个问题:

- 从进化论出发,动物在什么条件下与同一物种的其他成员合作,或者放弃资源以使他人受益?
- 在自然选择中,哪些遗传机制有利于这种行为的传播?

从狭义上讲,每个人都在为获得繁衍成功而相互竞争,也就是说,顺利生育的子女长大后会携带与父母相同的基因,然后将这些基因传递给孙辈。但是,个体不仅仅与父母和子女共享基因。基因还与兄弟姐妹、叔舅姑姨以及第一、二代表亲共享。但是,共有基因的比例随着谱系距离的增加而降低。这位进化生物学家汉密尔顿认为,如果比起远亲我们更愿意帮助近亲(甚至为他们牺牲),那么导致这种行为的基因可能会在连续几代人中以更高的频率出现。"一个基因即使对它的携带者不利,也可能会受到积极的选择,只要它能使他们的亲属获得足够大的利益"(Hamilton,1964:17)。这就是所谓的"亲族选择利他主义",它解释了为何进化中的工蚁和蜜蜂牺牲自己拯救蚁巢或蜂巢免受攻击。在蜂巢或蚁巢中,所有工蜂工蚁都是同一蜂王蚁王的子代。因此,如果有一些成员牺牲生命来拯救整个巢穴,幸存者可能会携带相同的"利他"基因或基因复合体,并将其传给后代。生殖成功概念的这种扩展被称为"包容性适应":为群体牺牲自己不会增加其自身的适应能力,但可以确保其基因传给下一代。汉密尔顿预测,第二代表亲将处于亲属选择利他主义的极限:除此之外,利他主义者和受益者之间共享的基因比例太低,不值得冒死亡风险。

在某些情况下，汉密尔顿的理论与人类的社会行为是一致的。希腊北部的萨拉卡萨尼（Sarakatsani）牧羊人的行为正如他的理论所预测的那样，人们拒绝对超过二代表亲的人实行利他主义。约翰·坎贝尔（Campbell，1964）发现，每个人都认识自己母亲一方和父亲一方的第二代表亲。对萨拉卡萨尼的成员来说，整个社群中的人可以分为两类：亲属和陌生人（姻亲构成第三个中间类别）。信赖、信任和对他人福祉的真正关心，只存在于亲属之间。坎贝尔计算出，一个人的亲属大约有 250 人，其中约一半是二代表亲。

但是，作为一种谈论社会关系的方式，人类的"亲属关系"通常不仅包括生物学上的亲缘关系，还包括收养的孩子和父母的亲朋好友（如拟制的"姑姨"和"叔舅"）。因此，汉密尔顿的理论无法提供全部答案。在小型社会中，社会亲属关系（即对生物性联系的文化解释）使人们从出生开始就处在社会关系中，从而使他们在维持生计的过程中能够以特定的方式寻求彼此的劳动或资源。小型社会常常有办法超越生物性亲缘关系，扩展亲缘关系的范围。卡拉哈里（Kalahari）的狩猎采集者的个人名字数量有限。任何拥有相同名字["同名人"（namesake）]的人都被视为兄弟姐妹（Marshall，1957）。在澳大利亚的原住民社会，白人人类学家或社区工作者之类的陌生人必须被纳入当地的亲属关系体系，以获取社会身份。一旦融入社会，陌生人必须避开所有被归类为"岳母"（mother-in-law）的妇女，在纠纷中支持其"姻亲兄弟"（brothers-in-law），慷慨回应他们提出的赠礼索求（他在名义上对潜在的妻子负有债务），等等。

人类学家马歇尔·萨林斯（Marshall Sahlins，1976）批评社会生物学使用亲属选择来解释人类的社会行为。他指出，对待社会承认的亲属的行为,通常与生物性亲缘的接近程度没有关系。在称为交表婚(cross-cousin marriage)的习俗中,我们可以看到这种现象的一个很好的例子。交表指兄弟的孩子与姐妹的孩子之间的关系;而两个兄弟的孩子之间的关系或两个姐妹的孩子之间的关系则被称为平表,因为他们产生联结的父亲或母亲的性别相同。澳大利亚、东南亚、北美洲和南美洲的一些小型社会实行交表婚。假设,在一个根据男性(父系血统)追溯团体成员身份并且妇女必须在结婚时离开本群体的社会中,两个不同群体的男子通过交换姐妹联姻来结成同盟。如果要在后代维持这种联盟关系,那么交表亲(母亲兄弟的子女和/或父亲姐妹的子女)是理想的婚姻伴侣,因为他们出生在联盟氏族中,而平表亲则出生在自己的氏族中(见图 2.1)。因此,平表亲被归类为兄弟姐妹,而遗传上同等接近的交表亲则被归类为姻亲兄弟/妯娌或妻子/丈夫。

社会亲属关系的灵活性还使人类社会能够调整其对亲属的行为,以适合生计经济。大多数晚近的狩猎采集社会都生活在边缘环境中,在这里,自由迁移至关重要。因此,为了维持广泛的社交网络,大多数狩猎采集社会不区分生活在同一地区的母系亲属和父系亲属,他们享有对两边平等的探视权。此外,在游牧牧民中,男人必须合作保护牲畜免遭袭击,大多数游牧社会实行父系继嗣。牲畜的权利由男性亲属共同享有,而男人的权利则由其儿子继承。在诸如易洛魁人(第一章)这样的园艺种植者中,大部分工作是由妇女完成的,母女合作被认为可以解释这种社会中母系继嗣的发生率相对较高。妇女的土地权是由女儿继承的(Goldschmidt, 1979; Holden and Mace, 2003)。父系氏族中,妇女加入她们丈夫的团体;而母系氏族中,男人加入了他们妻子的团体。

一个新联盟……

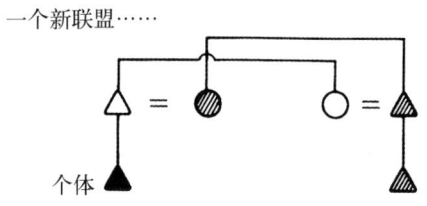

这个个体应当嫁娶谁来维护此联盟？

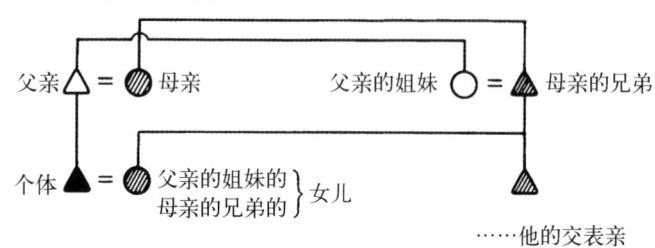

这个个体的平行表亲在哪？

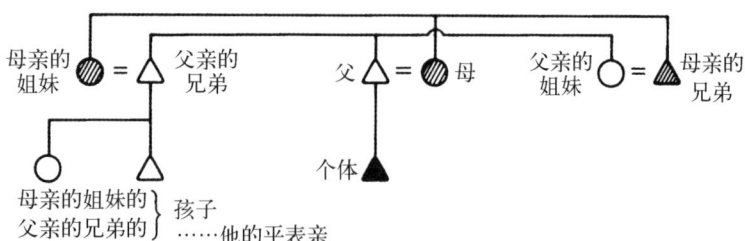

图 2.1　亚诺玛米（Yanomamö）联姻的发展

社会进化与博弈论

理论背景

需要对人类血亲社会行为的灵活性，做出理论解释：在不同的背景下，人们为何在不同的社会脉络下，采用不同的策略？社会人类学家在反对汉密尔顿暗示的遗传决定论的争论中,始终将这种变异视为王牌。博弈论为推动社会理论和生物学理论的再融合提供了一个有用的途径。对理解秩序与无政府状态之间的关系,博弈论提供了至关重要的解释模型,它表明了为什么在特定的某些情境下,人们努力构建社会关系,而在另一种条件下,他们却拒绝这种关系。关于协同进化的现代理论源于约翰·冯·诺依曼(John von Neumann)和奥斯卡·摩根斯坦(Oskar Morgenstern)的《博弈论》(一本经济学专著)(1944年)。摩根斯坦认为经济理论将经济行动者视为自主的决策者。这个理论没有考虑到经济行动者也依赖于他人的决定,他们是在社会环境中行动的(Nasar, 1998:84)。将经济谈判视为两个行动者之间的博弈,将有助于克服这一弱点。这种微观方法似乎很适合分析当地社区中的小型社会互动,但它也被应用于国际关系的分析(参见 Locke, 1960:98—99)。根据西尔维亚·纳萨尔(Sylvia Nasar)的说法,摩根斯坦说服冯·诺依曼建立了博弈论研究的数学框架。该理论最完善的部分涉及"零和二人博弈"。在零和博弈中,奖金是固定的,因此就看这两名玩家在竞争中谁能获得最大的份额。哈格里夫斯和理斯比·琼斯玩的是零和博弈,一个人的生存将以另一个人的死亡为代价。当该理论被提出来的时候,社会科学似乎与这种你死我活的博弈并不是特别相关,但战后的军事战略家采用了这个模型。空战被描绘成对手飞机之间的决斗,在两个相互冲突的计划之间进行权衡:等到对手接近时才有更好的机会击中他,然后先开火以避免被击中。肯普描述了"理斯比如何以惊人的速度策马前冲,阵阵连射。哈格里夫斯移动得更慢。"(后来,理斯比透露,哈格里夫斯的皮带扣在阳光下闪闪发亮,很容易成为目标)

但是，随着核武器的破坏力越来越大，美国的战略家开始意识到，决斗模式不合适，合作更有利。现在，美国和苏联在避免相互制造灾难上具有相同的利益。从社会学角度来看，这个困境提出了更有趣的问题。如果可以信任对方，那么合作、谈判和裁军都可以使双方受益。在非零和博弈中，可以通过合作来增加收益。正如纳萨尔（Nasar，1998：117）所解释的那样，问题在于合作似乎需要一个裁判，一个霍布斯式君主，一个可以在双方之间强迫裁军的世界政府，或者（也许）双方都信任的调解人。这对美国没有吸引力，用洛克的话说，美国政府决心以自然状态生活。

约翰·纳什（John Nash）在没有君主的情况下解决了合作问题，这表明即使没有仲裁者强制执行协议，非零和博弈也可以达到平衡点。"在这种情况下，任何玩家都无法通过选择其他策略来提高自己的地位"（Nasar，1998：97）。如果玩家能够计算出自己的最佳策略，那么他们无须仲裁者也可达成协议。霍布斯和洛克所提出的问题已经解决，我们可以确定有哪些潜在条件可以使得互惠利他主义有益于双方。

该理论发表后的一年，囚徒困境模型被设计出来，以例证纳什的理论，探索相互的利他主义在什么情况下能成为稳定的策略。这个著名的模型中，假设将两个嫌疑犯关在不同的房间里受讯。囚犯不知道他是否可以相信对方保持沉默。两个人都被告知，如果其中一个人告发另一个人犯罪，告发者将得到奖励。如果两个人都认罪，由于他们的认罪有助于警察解决犯罪活动，因此双方都将受到轻度刑罚。如果一个人拒绝认罪（也就是拒绝"叛变"），那么即使另一个人也认罪了，他的判决也会加重。如果其中一名囚犯怀疑另一名囚犯已经认罪，那么他最好自己做同样的选择①(Trivers，1985：389—390)。乍一看，最佳方案似乎是背叛，而不是保持沉默，相信另一名囚犯。但是，相互背叛比与其他囚犯合作代价更高，因此双方应保持沉默。每个囚犯都面临这样的困境：尽管背叛的风险不及合作的风险，但如果双方都背叛，则情况要比互相合作更糟。如果纳什是正确的，那么博弈应该产生一个平衡点，在这点上，两名囚犯都采用可以使他们在这种情况下获得最佳结果的策略。如果不能相信另一个囚犯，那似乎最好的策略就是双方都认罪。

纳萨尔(Nasar，1998：119)认为，囚徒困境反驳了亚当·斯密的主张，即追求个人利益将不可避免地使集体受益(在此案例中，这对囚犯是作为一个集体的)。这种困境表明，如果每个囚犯每次被捕时都追求自己直接的个人利益，他们将无法为自己取得最佳的长期结果，更不用说为其他囚犯获取最佳的长期结果了。这里有一个解决每个人对所有人战争的方案。罗伯特·阿克塞尔罗德(Robert Axelrod)意识到，尽管合作可能对短期的个人利益是更为可取的，但只有在囚犯能够预测到彼此的意图时，合作才会发生(Axelrod，1990)。由于他们在牢房中彼此隔离，因此预测必须基于过去的认识。如果博弈只玩一次，那么稳定的策略将是背叛，但是如果同一位玩家反复玩游戏，那么稳定的策略可能是通过保持沉默来进行合作。囚犯必须已经以相互检验彼此忠诚度的方式进行了互动，才能依靠合作。换句话说，他们必须有证据证明对方恪

---

① 可以将实际的奖励和惩罚设置为不同的值(将道金斯1976年的解释与特里弗的解释进行比较)。关键特征是必须对它们进行排序，背叛的诱惑在于具有最高的"回报"，其次是彼此沉默的奖励，再次是相互背叛的惩罚，最后是当另一个人背叛时，那个保持沉默的被背叛者所面对的惩罚。

守相互利他主义。这清楚地说明了出于私利而持续社会关系的愿望,这正是洛克所设想的条件。通过在计算机上模拟博弈,阿克塞尔罗德(Axelrod,1990:42)发现,最稳定的长期策略是一种称为"一报还一报"的策略(Tit for tat)。在"一报还一报"博弈中,玩家首先期望对方会合作(不背叛),然后在随后的出招中,按照对方先前的出招来出招。这样,合作者将得到奖励,而背叛者将受到惩罚。合作的累积收益总是大于向狱卒认罪的收益,因为相互背叛消除了认罪的奖励。如果他们能够识别出值得信赖的伙伴,并与之配对合作,那么玩"一报还一报"的人可以将那些玩"总是背叛"的人隔离,并拒绝与他们一起玩。

这一发现可以扩展到现实生活中的互惠交换中。在这些互惠交换中,回报被延迟,因此难题是,一个人是否可以信任另一个人会在其需要时进行回报。第一次送上礼物,如果没有得到回报,第二次就不送了。这就解释了即便在与利己主义竞争的情况下,合作是如何在"自然状态"下发展起来的。

纳什、阿克塞尔罗德等人提出的想法证明了,不履行相互义务或无法为合作做出贡献的人们是如何危及自我调节的社会秩序。就公地管理而言,他们是"搭便车者"。在现实的情况下,人们会犯错误,比"一报还一报"的策略如果宽容一点的话,其得分可能更高。实际上,由于每种策略的成功与否取决于那些与之竞争的策略,因此,越来越慷慨的策略会比其他策略做得更好,直到他们最终被"始终背叛"这个短期策略征服,使"一报还一报"再次胜出(Ridley,1996:75—78)。因此,社交网络可以随时根据竞争策略扩大或缩小。人们之间经常进行互动的稳定的社会环境为发展信任和合作提供了最佳环境。

每个策略的成本和收益取决于所使用的资源。布鲁斯·温特豪德(Bruce Winterhalder，1996)强调指出，任何时候都存在不止一种策略。在拥有太多的资源以至于不必捍卫多余之物并且允许偷窃者拿走一些的情况下，非人类物种中也发现了"容忍盗窃"或"吃白食"的现象。该策略的成功将取决于吃白食者相对于生产者的比例(Vickery et al.，1991)。吃白食者的比例越高，对生产者的激励的威胁就越大。偷窃在约翰内斯堡狷獴，已经成为对社会秩序的真正威胁。"获得金粉的最简单方法是直接从其他人那里抢走。灌醉他或和他吵架，然后就没有人关心他发生了什么了"(Kemp，1932：24)。邦尼·麦凯和詹姆斯·艾奇逊(Bonny McCay and James Acheson，1987)还有埃莉诺·奥斯特罗姆(Elinor Ostrom，1990)表明，在涉及公共财产管理时，只有在过度利用公地的偷窃者(搭便车者)可以被发现且被惩罚的情况下，自我调节才起作用。存在两种选择。社区中的每个人都监督自己的贸易伙伴，或者将权力(主权)委派给社区的代表。那些进行合作的人可能永远无法完全消除那些偷窃或背叛自己义务的搭便车者，但是如果他们要从互惠中获得最大的利益，采取最小化竞争策略是对自己有利的(Nowak and Sigmund，1998：575)。即使在最简单的社会中，这也是维持社会秩序的强大动力。但是，如果条件发生变化，降低了人们对将来还需要彼此的期望，或者如果偷窃的回报不断增加，则社会秩序可能会崩溃。

博弈论和利他主义

罗伯特·特里弗斯的互惠利他主义理论建立在博弈论的基础上，用以解释那些基因上不一定有密切关系的个体之间的利他主义交换的演变。换言之,它要超越汉密尔顿解释的纯亲属选择的利他主义形式。如果一个人暂时拥有的资源超出了他或她的所需,他们可以选择与另一位暂时处于短缺状态的个人分享剩余。特里弗斯认为,如果随后偿还债务,这种行为将使两个人受益。这种模式最有可能在存在死亡危险的地方发展,比如那些存在饥荒威胁的地方,无法预测谁会在什么情况下成功,而那些成功获得食物的人所收获的远大于他们马上需要的。因此,双方都将生存,但是如果靠自己,双方都可能很快就死了。他们正在做非零和博弈。希拉德·卡普兰(Hillard Kaplan)和金·希尔(Kim Hill)计算了南美阿切(Ache)狩猎采集者中家庭之间共享食物的好处。他们发现,共享蜂蜜可使每个家庭获得的食物增加20%,而共享肉类则可使每个家庭的食物增加40%,而可观察到的食物共享则可使营养水平提高80%(Kaplan and Hill,1985:233,参见Kaplan, Hill and Hurtado,1990)。因此,这可能会有很强的激励来鼓励互惠义务,自然选择将有利于保持此类关系所需的心理技能的发展。

正如阿克塞尔罗德在对囚徒困境的研究中所预言的那样,互惠互利将发展为值得信任的合作伙伴,并且每个人都希望彼此之间的依存关系会无限期地持续下去(Trivers,1985:364)。在人类进化过程中,我们发展了复杂的认知技能用于追踪社会关系,奖励履行义务的人,惩罚作弊者。只有当A知道他/她与B有持续的社会关系并且B是可信赖的时候,这种利他主义才起作用。基于这个原因,互惠关系通常被形容为亲属关系,即使这种亲属关系是"编造的"或拟制的。例如,在澳大利亚中部的阿南格族语(Anangu)中,"瓦利季亚(walytja)"一词既指亲戚,也指代您所照顾的人(Goddard,1987)。一起生活的同一狩猎采集部落的成员,彼此之间以及他们一同照管的国家都称为"瓦利季亚"。一起长大的表亲互相称呼"兄弟"和"姐妹"（Layton，1997）。

家户间的相互援助在农民社会中也很普遍。当一个成员生病，或者农作物因意外事故而无法收成时，每个家庭都需要寻求帮助，但是没有人能预料到将来什么时候需要帮助（Erasmus，1996；Scott，1976；Panter-Brick，1993）。从某种意义上说，族群是一种大规模的拟制的亲属关系，因为它声称是基于共同的血统或"兄弟"的关系。下文将讨论族群团体的动态关系。

平衡点

约翰内斯堡淘金热的案例说明了某些社会环境是如何难以确保合作从而导致最低程度的社会秩序。蒂洛·格雷茨（Tilo Grätz，2002）描写西非贝宁（Benin）北部的金矿开采者时，说他们占据了"半自治的社会领域"。非洲矿工非法工作，因此他们在当地出现争端时，不愿向国家提起诉讼。这与南非淘金热的情况有些不同。南非抢手的采矿专员一直隐蔽自己。在这里，正是金矿工故意将自己置于洛克的自然状态："这些按照理性生活在一起的人，没有权威主宰者为他们裁决是非，这恰恰是自然状态"（Locke，1960：280）。尽管有暴力发生，矿工们并不生活在霍布斯主义状况中，即每个人对每一个人的战争中。矿工们无视国家的要求，但是有稳定的原则支配着采矿收益的共享和分配，以支付助手、租赁房屋及设备的成本，忽略这些原则可能会立即付出代价。

金矿竖井使用权不稳定是引起大多数纷争的原因。这些问题不太容易解决，矿工偶尔会向当地村庄首领寻求帮助。首领在矿工中具有一定的权威，因为每个移民都必须在当地村庄找住房。

一个不守规矩的矿工可能被迫离开村庄。格雷茨(Grätz)确定了几种解决争端的激励机制。一个人如果已经放弃了竖井的所有权,他可能无法重新获得所有权,但是他可以在中断所有权后竖井恢复挖掘时,接受一些股份,或者开发新的竖井。黄金的供应显然不是限定的。这不是零和博弈。工人如果因为违反社会规范被排除在队伍之外,也可以组成自己的队伍。此外,"政府当局驱逐矿工这一永久威胁,使得移民矿工尤其希望避免针对特定案件较长的谈判过程。他们希望接受的裁决要有利于维持普遍持续的资源使用权"(Grätz,2002:17)。

边地社会可能存在于原本管理良好的民族国家中。迪克·霍布斯(Dick Hobbs,2003)等人调查了当代英国俱乐部和酒吧的夜间经济监管。他们提出,为了让商业利益繁荣,国家故意收回了它的权利。地方政府不切实际地希望通过放宽许可证发放可以创建出像欧洲大陆式的市中心,在那里,人们挤满了咖啡馆、剧院和美术馆。不幸的是,英国的天气、传统的市中心的拆除,以及城市经济只能通过激烈竞争才能生存的观念,导致酒吧和俱乐部的数量爆炸性增长,这些酒吧和俱乐部主要为处于从童年到成年生长期的年轻人提供服务。这就造成了高利润和大混乱的局面。

霍布斯等人认为,被正常秩序搁置的典型时间是夜晚(Dick Hobbs,2003:269)。由于商业利益涌入发展中的夜总会经济,包括毒品销售,因此存在一些犯罪也就不足为奇了。正如一个保镖所说,这座城市确实有一种大陆的气息,但那是索姆(Somme)的气氛,而不是巴黎的气氛。霍布斯等人认为,国家实际上已经放弃了监管夜市经济的责任,因此人们引入私人保安来保护商业利益。虽然警察保留了在公共场所巡逻的专有权力和责任,但酒吧和夜总会则雇用私人保安。夜晚时间已成为洛克式自然状态下的一个飞地。

由于俱乐部的治安不属于公权范围,因此治安有赖于可信的暴力威慑(私法法庭是不存在的)。保镖缺少警察拥有的国家权力。门卫所使用的暴力通常是对混乱情况的一种回应,处理混乱是他们的工作。保镖与客户的关系是"道德竞争",但它们也是人际竞争。使用一个看起来没有暴力执法能力的保镖,"可能会使大门的主权受到威胁"(Hobbs et al., 2003:143,我的强调)。国家牺牲了对武力控制的垄断。因此,暴力"既被分散又被集中到了市民社会组织中"(Reyna, 2003:265;第三章回到了这一现象的分析)。

防止暴力侵害客户、员工和保镖的强烈愿望,必须适应竞争激烈的市场中的商业考虑,必须适应管理层对该俱乐部的市场利基[①]的判断。保安在混乱、嘈杂和令人迷惑的环境中做出决定。"不尊重、羞辱和无礼的可接受程度,是根据可强制遵守的合规行为准则反复协商过的;在这种环境中,作为阈限商业区的存在本身,却促进了违法行为"(Hobbs et al., 2003:161)。关键的问题是,在仅有可能建立极有限信任的情况下,有些搭便车者却不愿意遵守最低限度的规范。贩毒团伙诉诸武力搭便车时,这个问题就更加严重了。

定位"自然状态"的一些问题

这些个案真的构成了洛克式自然状态下的社会生活吗?从某

[①] 菲利普·科特勒(Philip Kotler)在《营销管理》中给"利基"下的定义为:一个小市场并且它的需要没有被服务好,或者说是"有获取利益的基础"的市场(Philip Kotler, 2012)。——译者注

种意义上说，它们的确如此，因为行动者经常进行内部协商而不诉诸上层权威。另一方面，他们通常使用的策略已经成为其文化资源的一部分，因此从另一种意义上说，他们由"所处的国家的习惯或法律"管治（Locke, 1960: 321）。洛克可能没有意识到民族国家之外可能存在"既定规则"。约翰内斯堡淘金热的维和角色并非在一片空白中创建，而是基于已知的文化资源（法警、法官、陪审团）。在贝宁北部，特定地点主要竖井持有者之间的会议，都是按照西非传统的程序进行的（参见 Bohannan, 1958: 54—56 关于 Tiv 的审议会）。格雷茨写到，寻求村长的帮助这一习俗，其实"是该地区的东道主与农村移民劳力之间的普遍关系模式的一种转移，并且在布基纳法索（Burkina Faso）和其他地方也可以找到"（Grätz, 2002: 10）。布迪厄（Bourdieu）表明，如果行动者要了解彼此的意图，那么任何互动都必须在一种文化习语内进行。人们都依赖自己习得的惯习（Bourdieu, 1977: 72, 100—109）或适当策略的实践意识。"实践意识包括了解规则和策略，通过这些规则和策略，人们可以跨时空构建和重构日常生活"（Giddens, 1984: 90）。

　　违背相互义务或无法为合作做出贡献的人，对自我调节社会的秩序是一种威胁。但是，约翰内斯堡并不是唯一极少有人愿意执法的地方。识别和惩罚搭便车者通常是让人不愉快的。对欧洲村庄关于自治的一些出色研究解释了这一问题。在西班牙北部的莱昂（León）农村，最重要的职位是当选的检察官或村长（Behar, 1986）。他组织集体工作小组来维护乡村财产，在职者不得不对未能加入集体工作小组的村民处以罚款（Behar, 1986: 149），因此许多人不愿担任这一职务。在瑞士的阿尔卑斯山也存在类似的问题，那里的官员被选举出来召集社区集会，组织社区工作小组修复雪崩造成的破坏等(Friedl, 1974：23)。

露丝·贝哈尔(Ruth Behar)则详细介绍了社区成员为自己的利益如何协商社会秩序。在她研究的圣玛丽村(Santa María)，一旦土地被清空，新开垦的土地将通过抽签分配，以防止任何人对将要变成自己的耕地付出更多的劳动(Behar, 1986：232—234)。约翰·弗里德尔(John Friedl)在瑞士的基普尔村(Kippel)记录了类似的策略。在基普尔，当一群兄弟共同盖房时，他们通过抽签分配已经盖好的房子，以避免有人为即将得到的房子投入更多劳动(Friedl, 1974：60—61)。瑞士托贝尔村的家庭在抽签确定具体分配之前，先协商好土地的分配比例(Netting, 1981：193—194)。在我研究过的法国村庄佩拉波尔(Pellaport)，人们用抽签的方式从共有林地中分配木柴，包括过去用抽签方式分配共有牧场(Layton, 2000：59, 84)。上述所有案例都消除了偏袒或通过权力进行调整的机会。基普尔村和圣玛丽村的居民都依靠严格使用花名册来使每个家庭放心，彼此之间将代表整个团体做出公平的贡献(Friedl, 1974：55；Behar, 1986：203—205)。由于村民有意识地同意受其约束，公社义务与合作组在圣玛丽村持续存在。不仅要确保多数人，而且要确保每个人，不论愿不愿意，都要遵守规则，履行邻里合作义务(Behar, 1986：185)。

因此，要保持平等合作，确保自己的付出不受搭便车者破坏的信心必不可少。这种信心取决于这样一种共识：社区有可靠的措施确保机会公平，可以强制服从，并且有能力发现作弊者。当人们聚居于同一个村庄并持续互动时，就相对更容易监视邻居是否遵守了社区规则。盖尔纳将这样的本土市民社会视为社区暴政、表亲暴政和仪式暴政(Gellner, 1994：7)。诚然，这种相互监督可能会令人感到压抑,但也很明显,维持这种相互监督符合每个人的长远利益。一旦这种有组织的共识破裂,或者搭便车者可以逍遥法外,混乱就会更难以控制,市民社会的组成单位就有瓦解的危险。

有限的主权形式

霍布斯(Gary Hobbs)等人描述过夜总会入口的门卫"主权"(Hobbs et al., 2003:143)。哈丽雅特·罗森伯格(Harriet Rosenberg)和罗伯特·奈廷(Robert Netting)将高山村庄描述为微型共和国。主权有很多等级,而自然状态则是超越这一连续统一体的理想或者说极端状况。主权并不一定是指君主权。共和国可以有主权要求。主权产生于个人将他的某些自治权或代理权让渡给特定的代理来规范社会关系。只要因纽特人同意阿克德米勒(Akudmirmiut)领导人处决多案杀人犯帕德(Padlu),就等于他们已将最低主权授予了他。当夜总会坚称拥有独断权力决定谁可以进入时,就等于断言从国家那里获得了有限主权。在贝宁(Benin),当那些对矿井所有权存在争议的金矿开采商,提请矿井的主要所有者裁决时,就等于他们接受了社区中有影响力的人所拥有的主权。有时,矿工会超越采矿区,寻求村长的权威支持。

武力制裁是最终手段。主权可以被自愿授予或被主张为权利[这是霍布斯、洛克和菲尔默(Filmer)之间辩论的基础],但暴力始终是政治的基础。最典型的就是在没有已商定的权力机关管理的情况下,当代表国家的警察不愿意维持夜总会入场秩序时,门卫只能依靠自己的力量。在约翰内斯堡淘金热期间,由于国家代表一直不露面,当地社区被迫说服一位自己人诉诸武力,逮捕哈格里夫斯的团伙。

安东尼·吉登斯将行动者在社交网络中紧密联系在一起的过程称为"结构化"(Giddens, 1984: 35)。没有他人的帮助,行动者就无法实现他们的目标。个体的能动性或以自选方式行事的能力,无论是通过互惠关系还是支配关系,总是受到相互依赖关系的限制。社会中的权力分配既限制互动,也促进互动,为能动性开放了某些可能性,同时又排除了其他可能性(Giddens, 1984: 173)。这是摩根斯坦和冯·诺依曼认识到的现象,但是博弈论仅模拟了在有限时间内相互作用的最少数的玩家(或团队)。结构化理论将博弈论的见解扩展到广泛的社交网络。它认识到某些人的行为可能会影响向其他人开放的选择,而行动者不必知道其他人的存在。结构化是一个长期的过程,在这个过程中,行动者的行动是再生产还是改变其社会地位,取决于权力分配是被强化了,还是被破坏了。

如果国家主权不完整,是否存在现有社会秩序崩溃的危险?当国家主动把部分主权委托给下级时,情况并非一定如此,例如让渡一部分权力给地方政府。但是,在争夺主权分配的地方,权力的分配将影响社会的稳定。无政府的失序状态来源于这个术语的消极含义。一旦娱乐性嗑药成为英国夜间经济的特征,毒品贩子就开始争夺俱乐部和酒吧所有者对其场所的部分主权。当主权越来越分散时,社会秩序就会面临瓦解。在淘金热中,约翰内斯堡的武力被平均分配,搭便车的好处如此之大,以至于互信得不到发展。斯蒂芬·雷纳(Stephen Reyna, 2003)用类似的术语解释了乍得内战的反复发生:在很大程度上,国家丧失了维护主权的权力,在市民社会中的成群结队的反叛者聚集起来,结成互相角逐的地方团伙。

关于社会进化的达尔文主义立场

进步与适应

能动者策略对其他行动者所处社会环境加以改变的方式,可以被看作是一种进化"适应度景观"模式。到目前为止,本章一直用进化论解释合作与互惠的稳定模式如何可以与时俱进。进化理论如何解释变化? 19 世纪社会科学家的进化论与达尔文的自然选择理论有重大差异(表2.1)。在 18 世纪至 19 世纪,社会科学家认为进化是渐进性的:社会从简单演变为复杂,人类思想从非理性演变为理性。渐进性地改变被认为是正常的。

表2.1　19世纪的进化理论

19 世纪的社会科学家	达尔文
进化有方向	进化是随机的
变化发生在系统层面	变化发生在个人层面
变化是由系统内部驱动的	变化是由环境压力引起的

至少有些社会科学家仍然受到 19 世纪的研究方法的影响。正如第一章所指出的那样,吉登斯拒绝了进化论在社会科学中的使用,理由是进化论必须成功地实现一个不可能的目标:

> 它必须确定一种(单个的)变化机制,该机制必须与一系列变化联系在一起,在这些变化中,社会组织的类型或某些方面相互替代,并且理论必须贯穿人类历史的整个范围

(Anthony Giddens，1984：232)。

吉登斯对进化论的描述含蓄地参考了斯宾塞的作品。斯宾塞认为,社会以动物或植物个体生长的方式发展。正如胚胎以一小团未分化的细胞开始并发展成复杂的组织和器官系统一样,斯宾塞认为,人类社会的结构会随着时间流动不断分裂[Spencer，1972(1857)：39]。斯宾塞的想法早就被否定了,但是某些社会即使并非都朝着同一方向发展,也的确会随着时间的推移而发生变化。如何借用达尔文理论中的术语来解释它?如果一个社会稳定不变,那也必须对此加以解释,而不能视为理所当然或将它归因于"惰性"。这种趋势可以用社会关系结构化过程中的"正""负"反馈的递归效应来解释。

原子论模型与系统论模型

本章引言已指出,社会科学家一直抵制达尔文进化论的个人主义偏见,理由是社会系统具有突生特性。随后的一小节中,我们讨论了,至少一些进化论理论家认识到,同一物种或不同物种之间的相互作用,对于理解进化的速率和方向非常重要,因此,对生态系统的突生特性的认识可以纳入达尔文的框架。以此类推,关于社会系统为个体行动提供生态环境的说法是有道理的。

前面的例子表明,当地社区不一定要依靠一个统治者来防止每个人对每个人的战争。人们可以制定稳定的合作与互惠策略来满足自我利益。社会秩序的崩溃不能归因于国家管治放松造成的人类自然的无政府状态。为了解释清楚为什么社会秩序有时得以维持而有时候却遭到破坏,我们需要一种更复杂的社会秩序理论,将自我利益置于社会互动的背景下。马克·达菲尔德(Mark Duffield,2001:28)在分析第三世界国家的无序状态时也提出了类似的观点。他指出,依赖理论(Gunder Frank,1971;Wallerstein,1974)确认了强大的北方国家剥削南方国家的方式。现在,依赖理论失宠了,南方国家常因自身不稳定而受到指责。达菲尔德认为,北方国家这样的做法,是拒绝承认其在世界经济体系中的主导地位所形成的影响。他认为,当前那些主张南方国家应发展自己的市民社会的观点,是为了将社会动荡的责任转嫁到由北方推动的全球化进程的受害者身上(Duffield,2001:71)。

本章将论证全球经济是生态系统的社会模拟,其中,个体策略的成本和收益取决于他们在不断变化的系统中所占据的利基位点。它主张一种社会行为的生态学,它可以解释逐步形成的稳定策略,但也可以评估某些本地社会系统是内在不稳,还是由于更大的社会环境变化而导致不稳。换句话说,它是涉及社会系统中秩序和无序的演变。生物学家约翰·梅纳德·史密斯(John Maynard Smith)将博弈论应用于动物行为,注意到在理性行动和基因适应之间类比所产生的解释力:经济学中策略的效用类似于进化论中行为模式对成功繁殖的贡献。理性(寻求最能满足个人经济利益的策略)类似于这样一个过程:自然选择盲目地作用于另外一种、由遗传决定的行为模式,以选择最有适应能力的变体(Maynard Smith,1982:vii,2)。正如纳萨尔指出的那样,最有利的策略可能取决于个体之间的互动状态。

本章所用的"进化"是指达尔文式的进化,而不是斯宾塞意义上的进步式进化。在斯宾塞式的进化中,社会系统是由内部动力驱动的,并向日益复杂的方向发展。在达尔文理论中,个体行动者是分析的对象,即"选择单位"。变化是由特定环境中个人行为变化的后果引起的。对于人类和许多其他物种而言,环境既是物质的,也是社会的。在新达尔文主义的理论中,随机遗传变异在人群中创造出各种身体形态和行为。环境条件决定了哪些变体比其他类型更能繁殖并将后代抚养长大,而负责成功变异的基因则以最大限度遗传给下一代。在布迪厄和吉登斯的社会理论中,习得的文化策略在社会互动中是或多或少可被传播的。

自私的基因和他们的生态

以下几段将聚焦于讨论,由于不同生物之间的相互作用,是否自然环境具有类似于社会系统那种源于不同有机体之互动所产生的突生特点。我的结论是肯定的。与斯宾塞所依赖的简单的发展和功能概念相比,生态系统提供了更好的过程模型。

当代新达尔文主义理论有两个极端:"自私的基因"和"适应度景观"流派。这些竞争观点引起了进化论的争论,即,进化变化的主要动力是基因,还是对有机体施加选择压力的生态系统?这一争论与社会理论中的一个问题相应。我们的分析应该像古典经济学那样,只关注个体决策者,还是像博弈论和结构化理论那样,强调社会互动的突生特性对决策结果的影响?在遗传学中,理查德·道金斯(Richard Dawkins, 1976)倡导"自私的基因",基因唯一的"目标"是确保将其传播给后代,无论这个目标会对携带该基因的生物产生什么影响。道金斯确实承认,基因在发育中的生物体内彼此相互作用(Dawkins, 1976:271),但这是他的核心观点所附带的一个次要观点。另一方面,生物学家斯图尔特·考夫曼(Stuart Kauffman, 1993)和西蒙·康韦·莫里斯(Simon Conway Morris,

1998)认为,有机体所适应的环境在其他生物的作用下发生变化。

利·范·瓦伦展示了一种渐进性变化的原因,即"红色女王"情景(Leigh Van Valen, 1973)。在这里,捕食种群及其猎物变得越来越特化,因为它们各自对彼此的变异具有选择性的影响。猎杀瞪羚的猎豹通过杀死较迟缓的瞪羚来支持最迅捷的瞪羚生存。反过来,这又对猎豹施加了选择性压力,有利于产生动作最快的猎人。康韦·莫里斯(Conway Morris, 1998)解释了大约5.5亿年前寒武纪爆发的各种早期生命形式,这是第一批掠食者的出现破坏了现存适应性的结果。突然,巨大的选择压力使那些能够逃脱或击退天敌的生物受到青睐,从而导致新物种的激增。因此,与道金斯的方法相反,生物体的相互作用决定了所有种群进化的方向。考夫曼写道:"在共同进化的过程中,一种生物体或物种的适应性取决于与之相互作用的另一种生物体或物种的特征,然而,所有生物体或物种都将同时适应和变化"(Kauffman, 1993: 33)。考夫曼将这一原理扩展到生物体内基因的共同进化。通过合作并确保生物体存活足够长的时间来繁殖,正是基因的"利己主义"。正是在这一点上,博弈论和结构化理论是与进化存在相关性的。

适应度景观是代表在不断进化的种群中适应的理论模型。随着种群越来越适应特定的生态位,种群在其景观中达到顶峰。如果在生物进化过程中物种之间没有相互作用,那么每个种群最终都会稳定在其图谱的最高峰上,从而消除陷入较低峰中的同伴(经济学中的"自私基因"或新古典主义观点)。实际上,每种物种的成功繁衍都部分地取决于其他物种的适应性,例如掠食者,它们与之相互作用,并改变图谱的形态。

亚当·斯密的经济学理论可以与进化生物学中的"自私的基

因"方法相提并论。屠夫、酿酒师和面包师彼此独立地追求自己的利益,但我们要感谢他们的自私活动为我们提供了日常需要的肉、啤酒和面包。追溯起来,马克思对斯密的批评依赖于可称为承认正反馈的"景观"法。为自身利益而竞争的个人会影响彼此的生存机会,创造出类似于工业系统的生态系统。如同新古典主义经济学,"自私的基因"模型暗示,遗传变异最终会在生态位最佳适应期趋于稳定;但它没有预测马克思在关于工业革命引发阶级冲突的模型中涉及的那种累积性变化。

理查德·纳尔逊(Richard Nelson)和西德尼·温特(Sidney Winter)的经济学进化理论首先在社会科学中明确使用了进化景观的概念。根据经济学的进化论,行为的"合理性"不是根据个人的意图(如古典经济学)来衡量的,而是在相互竞争的公司或个人构成环境中,根据企业或个人的经济生存的结果来衡量的(Nelson and Winter, 1982)。当一家公司寻求创新时,它并不能完全了解所有可能的选择方案,而是会从已使用的类似技术中随机抽取信息。任何选择的后果都是不完全清楚的。在经济环境中,不同的公司对相同的"模糊信号"会有不同的反应(Nelson and Winter, 1982:276),从而可以在整个行业中探索各种行为。付诸实践的创新也改变了其他公司的经营格局。因此,在全球经济中,本地社会策略的"适合性"取决于和其他参与者之间的互动。

选择与文化的延续性或变迁

人类的社会行为是由遗传和文化习得的策略共同决定的。关于各个成分的相对强度,各思想流派的看法有所不同。社会理论家(例如吉登斯)将遗传成分降至最低,进化心理学家将文化成分降至最低,而行为生态学家和双重遗传理论家认为这两者都发挥了重要作用(Laland and Brown,2002)。在人类社会行为中,基因与文化的影响力的相对权重已经引起了激烈的争论。进化心理学家莱达·科斯米德斯(Leda Cosmides)和约翰·图比(John Tooby)指责社会科学家将思想视为一只空的容器,充满着习得的社会规则。科斯米德斯和图比的主要论战目标是涂尔干和美国文化人类学家格尔茨(Cosmides,Tooby and Barkow,1992:25—28)。科斯米德斯和图比提出了相反的观点:进化使人的大脑具有许多特定技能的复杂结构,这些技能使个人能够决定,例如,与谁成为性伴侣,何时与其他人合作,以及父母为每个子女提供多少照顾(Cosmides,Tooby and Barkow,1992:73)。人类的认知具有从狩猎采集者所经历的选择性压力中产生的标准设计(Cosmides,Tooby and Barkow,1992:64)。而现代变异只发生在"次要的、表面的、无功能的特征"中(Cosmides,Tooby and Barkow,1992:38,比照78)。

虽然我们建立社会关系的能力无疑是由基因决定的,但这些关系所涉及的内容却是文化的。考虑到诸如社会亲属关系等特征的明显变异性,我更喜欢行为生态学家采取的方法,该方法承认,社会行为的局部适应大致是通过习得策略达到的。

具体社会策略是习得的,这个事实并不排除这样的可能:有利于个体在社会中生存的策略可能会慢慢取代适应性较差的策略。如果这样的策略需要合作或互惠,那么自利就可以产生社会秩序,并且社会互动的进化理论就可能成立。然而,就习得的社会策略而言,必须将达尔文的自然选择视为一个类比,而不是社会变革的原因。因此,在将达尔文的方法应用于文化时,必须确定一种"选择"和传播习得特征的机制,这就类似于差异生殖的成功和遗传性状的传递(Elster,1983:22)。那些偶然使用适应性更好的手工艺品或社会策略(例如特定类型的拟制亲属关系)的人,可能比那些使用不那么有适应性的手工艺品或社会策略的人,有更多成功生育的可能性。当孩子不知不觉地模仿父母的行为时,这些特征就会被传递。根据这种观点,变体是由于不完美的复制而偶然产生的(参见 Basalla,1988:135—139 中的讨论;Elster,1983:10)。有意的选择可能会加速采用更有效的策略,但是决定策略可行性的是"人们选择"的结果,不由行动者的意图所决定。继纳尔逊和温特(1982:10—11)之后,巴斯拉(Basalla,1988)和埃尔斯特(Elster,1983)得出结论,文化的改变实际上是由结合随机行为与有意图的行为而产生的。在稳定的情况下,沿用上一代经过实践检验的策略比创新的风险要小(Boyd and Richerson,1985:95ff)。当行动者不确定,并且不知道行动过程可能会产生不同的结果时,不同行动之间的选择就变得越来越随机(Elster,1983:70—76)。我们不必假设社会变革总是由有意识的远见所推动,其实它可能仅仅是因为行动者因地制宜选择可获得最佳结果的社会策略所推动(Layton,2000)。

适应度景观作为社会变革的典范

为了理解为什么当地的市民社会形式继续存在或消失,人们必须既考虑其对当地条件的适用性,又要考虑更广泛的社会环境的变化对它们的影响。道金斯(Dawkins)将"模因"(习得的行为模式)的传播与自私的基因的传播进行了比较,说它有点像流行病。达勒姆(W. H. Durham)是"双重遗传"方法的主要代表人物,该方法认为基因和文化都会影响彼此的进化(Laland and Brown,

2002：281）。达勒姆不认为这种流行病模型是基于"激进的个人主义"，并且，他基本忽略权力和胁迫，权力和胁迫是社会互动的突生特质，它们会影响自然选择的过程。"在文化系统中，重要的进化力量可以并且确实源于不平等的社会关系"（Durham，1991：182—183）。萨尔瓦多（El Salvador）和洪都拉斯（Honduras）的农民过度利用崎岖的环境，不是因为缺乏教育或深思熟虑，而是因为在19世纪，土地精英操纵了国家土地占有政策，将农民从生产性土地上挤出，并为自己的利益吞并了好的土地（Durham，1991：362；参见Migdal，1988：63，关于墨西哥的土地改革）。这符合考夫曼和康韦·莫里斯倡导的有关自然进化的生态观。詹姆斯·斯科特（James Scott，1976）展示了"绿色革命"如何向亚洲农民引入了高产水稻新品种，在某些情况下加大了相对意义上的富农和贫农之间的差距。在发生这种情况的地方，只有相对富裕的人才能负担得起成功种植"绿色革命"作物所需的化肥、雇佣的劳动力以及简单的机械。如果长期栽培，"绿色革命"品种从长远来看会带来更好的产量，但每五年就会歉收一次。一个富裕的农民可能有足够的财政资源支撑，但更高的长期收益将对第五年因饥饿而被迫停产的贫农家庭毫无支持作用。因此，由创新造成的"脆弱性"不是随机分布的。如果少数人被一项创新"感染"，它们将改变进化格局的形态，让其他人更难于而非更易于适应。社会景观已被外来影响改变。在上面引用的示例中，达勒姆同样指出，强权可能会迫使弱者采取行动，但这却并不会有利于弱者自己，而是有利于强者。要解释这些互动过程，就需要一种生态方法来解释社会进化。

几年前，一项研究开发秘鲁雨林的可选择方法的研究表明，当地的狩猎者和园艺种植者在不破坏森林的情况下，每年收获的农产品价值约为每公顷452英镑。在相同的面积中,每公顷面积中饲养牛每年的产量为95英镑,而采伐所有可出售的木材则将产生645英镑的一次性收入(Peters,Gentry and Mendelsohn,1989)。原住民的策略显然是最有生产力的。该国的问题在于,没有任何狩猎者和园艺种植者的收益进入市场,因此不能征税以资助国家活动。从国家的角度看,森林是"几乎成为犯罪般无用地闲置的财富"(T. E. Day在20世纪初描述澳大利亚中部地区的用语)。因此,国家可能会利用其权力来支持牧场经营或伐木。

适应和可选择的策略

把进化论等同于进步的思想在19世纪的欧洲思想中根深蒂固,以至于达尔文不得不加注提醒自己,避免提及更高或更低的生命形式(Trivers,1985:31—32;Laland and Brown,2002:65)。格拉柏赫和斯塔克(Grabher and Stark,1998:57)指出,他们所谓的东欧后社会主义变革的"新自由主义转型模式"体现了与斯宾塞和孔德有关的那种单向渐进的进化,而这正是达尔文要努力克服的(参见Duffield,2001:161)。新自由主义的转型模型无法解释在不同国家实施自由市场的不同结果。斯密和皮克尔斯(Smith and Pickles,1998)提出了相同的观点。西方政府认为,在原社会主义国家引入市场经济,财产私有化和政治生活民主化,可以被视为一个将更多理性或先进组织形式传播到原社会中的简单过程:这是对"流行病"模型的应用。

现实性的"适应度景观"具有多个维度,反映了对人口施加选择性压力的许多力量,也存在许多相互矛盾的压力来适应各种环境约束或机会。没有一个单独的有机体或企业能够完美地适应所有这些压力,因此,在一个紧密生活在一起的种群中,可能存在数个次优但同样适应的变量。社会变革不一定是一个单向的过程,没有任何一个社会制度在普遍意义上是最好的或"发展最快的"。

伊丽莎白·邓恩(Elizabeth Dunn)记录了一个惊人的例子,关于摩门教徒(Mormons)在美国实行的可持续的另外一种社会经济系统。摩门教徒的农民被纳"什一税",他们以匿名形式捐献做好的或贮藏的食物,只能作为慈善在教堂内分发。摩门教徒不鼓励对国家福利的依赖,但"教会认识到,在有些不可预见的情况下,人们会被迫依靠他人来满足基本需求"(Dunn, 1996:29)。搭便车是被禁止的:"接受者应积极寻找改善状况的方法"。但是,人们期待慈善受惠者,不论多么贫穷,也要施舍;但并不期待他们直接偿还。从前的受惠者站稳脚跟后要施舍,不是偿还,而是新的施舍。正如邓恩所写的那样,"这是与'以时间和劳动力换取工资'直接对立的"(31)。摩门教徒以成为模范公民而自豪,他们的做法被视为是朝着他们的理想社会的方向迈步,避开资本主义的负面影响。"摩门教徒不是通过反对国家,而是通过建立国家的替代领域来寻求扩大其'市民社会'(尽管这不是他们要使用的术语)"(Dunn, 1996:46,她的插入语)。

约翰·爱迪生和戈登·米利根(John Eidson and Gordon Milligan, 2003:47)指出,苏联集团私有化令人惊讶的结果之一是,自愿组成的生产合作社可以合法继承社会主义时期的集体农场。自东西德统一以来,东德已经建立了许多家庭农场,但在2001年,新联邦国家超过50%的耕地仍由合作农场或企业农场耕种,其中大多数继承了社会主义合作社。合作社比家庭农场拥有更多的资本,他们的经理通常是经验丰富的企业家,其父母在集体化之前是中产阶级农民。

在法国,以合作社方式生产奶酪、葡萄酒和其他农产品也很普遍,他们与私人企业一起经营。法国政府广泛推广合作社,以确保家庭农场的生存。自 1264 年以来,在我田野调查的弗朗什-孔泰地区就有乳品协会(Lambert, 1953:175;另请参见 Latouche, 1938 和 Lebeau, 1951)。这些协会可以汇集几户人家的牛奶,并生产出大量的硬奶酪,这些奶酪可以卖给商人,然后销往法国的其他地区。在第一次世界大战前后,由于经济不稳定,许多协会停止了奶酪的合作生产,并将制造和销售奶酪的责任移交给企业家。在大多数情况下,建筑物仍然是协会或乡村公社的财产。在第二次世界大战德国占领期间,企业家生产的弊端变得显而易见,当时许多企业家(如店主)通过在黑市上秘密销售乳制品获利,为自己赚私钱(Lambert, 1953:176)。"二战"后,为了恢复对奶酪生产和销售的合作控制,弗朗什-孔泰地区开展了广泛的运动。尽管企业家在一些村庄保留了控制权,但是由于要跟邻近的合作社竞争,确保提供最佳牛奶价格,他们的行动受到一定的限制,并且企业家也知道他们可能会失去地位。企业家和合作社影响彼此的策略,很像共生于同一个实用生存格局中的不同物种。

匈牙利在社会主义政权最后几年"第二经济"的发展,以及随之而来的私人企业的式微,都证明两种组织模式同时存在是不可持续的,这里有一个有趣的个案。汉恩(Hann, 1990)描述了匈牙利国有企业中的工人如何建立小型私营企业,这些私营企业可以从国有生产和分销的缺陷中获利。国家默许这一点。但是,第二经济与国有经济共生,甚至寄生于国有经济,工人从国有企业借用设备、转移原材料。此外,第二经济的成功还渐渐缩短了人们对那个收入较低的正式工作所投入的正常工作时间。汉恩认为,东欧剧变部分是由于人们不愿意在白天坚持一种意识形态,而在夜晚则持另一种意识形态(自由企业)。但是,由于小企业对国有母公司的依赖,国家计划经济的崩溃必然削弱小企业的运作能力。一旦母公司倒闭,其附属企业就得不到资源了。这似乎有点像常春藤扼杀其依赖生长的树!这有助于解释盖尔纳谴责的东欧市场经济的弱点。

结　　论

本章论证了洛克对市民社会的广义概念。在没有君主或中央集权国家帮助的情况下,市民社会仍然可以发展,无须上层权威的干预,人们就可以协调一致,和平地追求自己的"项目"(Gouldner, 1980)。正如洛克所说,自利本身可以创造社会秩序。洛克的自然状态是一种理想,还存在许多有限主权形式。国家可以自愿或默许将有限主权让渡给当地社区。尽管有争议的主权要依赖公开的暴力威胁,如果互信破裂,战争就会爆发。霍布斯的观点是不准确的——他认为,唯有国家能防止地方社区陷入一场人人互相敌对的战争。国家或地方市民社会支离破碎,原因很可能是过去的社会互动影响未来行为的结构化势能,也有可能是社会和经济环境的变化。毫无疑问,我们保持社会关系和评估他人的信任度的能力是遗传决定的,但是人类的社会行为是灵活的。我们可以根据情况更改社会策略,这些情况可以表示为一种社会经济环境,其演化轨迹是策略实施的突生结果。搭便车者或吃白食者的增加会破坏合作与互惠。下一章将讨论社会秩序崩溃的原因。

第三章

社会秩序的崩溃

　　本章将讨论两个问题：什么原因导致市民社会背离国家？什么原因导致市民社会内部的合作—互惠关系让位于竞争—冲突关系？我的分析根据并结合两种理论方法，即皮埃尔·布迪厄（Pierre Bourdieu）和安东尼·吉登斯（Anthony Giddens）的社会理论以及行为生态学家发展的博弈论的应用。布迪厄和吉登斯的思想在第二章中已经提到，他们批判了先前的两个社会科学学派，主张综合考虑二者的优点，克服各自的缺点。一方面，存在这样一种社会学传统观点：认为个体镶嵌在社会系统中，不是自由的能动者[人类学的经典代表是涂尔干（1938）和拉德克利夫-布朗（1952）]。根据这个学派的说法，我们出生其中的社会将预定的社会角色分配给我们，每个人都在为维护社会秩序扮演各自的角色。布迪厄和吉登斯反对这个学派所暗示的一个倾向，即社会制度内在稳定、个人利益服从于社会的需要（Bourdieu，1977：5；Giddens，1984：25）。这种"结构"分析也往往将个人行为差异看作是对不成文惯例的背离（个人代表社会扮演的角色），但布迪厄认为这些角色实际上是分析者的社会学建构。布迪厄和吉登斯都认为,社会秩序是通过互动自发形成的。社会制度的存在既不能证明行动者为实现它而努力,也不能证明存在一个超有机实体——试图维持自身结构的"社会"。

在另一个极端,博弈论理论家将个人视为战略家,他们认为,人们只是为了自己的自身利益行事,构建原本并不存在的社会关系(Blau,1964;von Neumann and Morgenstern,1944)。布迪厄和吉登斯反对将行动者视为完全理性的人,理性地操弄纯粹的博弈论策略。相反,他们认为,应该把人看作是努力塑造自己未来的能动者,但他们也运用自幼习得、成年后再生产(或改造)的特定文化策略。每种社会传统都有其独特的策略,这些策略是在不断摸索的实践中形成并融入"客观条件"中的(Bourdieu,1977:109)。布迪厄用"惯习"一词来形容我们从小就习得并在成年后运用的社会习俗。

吉登斯和布迪厄所倡导的中间道路认为,社会制度是由能动者利用几代人协商而成的文化策略在互动中建立的。社会交换的参与者将社会生活作为一系列交易来体验,每一次交易都是由先前的交易所促成的,每一次交易都试图影响后来的交易(Bourdieu,1977:25)。能动者通过吉登斯所说的实践意识来理解正在发生的事情,但是他们不太可能完全意识到自己的决定会波及社区内的其他人。能动者的活动不断再生产着使那些活动继续成为可能的条件。"因此,每一种限制形式都以各种方式形塑着可实施性"(Giddens,1984:173)。然而,有时候能动者的策略破坏了这些策略可实施的先决条件,使社会变革不可避免地发生(Giddens,1984:170)。

虽然我认为布迪厄和吉登斯的方法很有帮助,但我认为他们对进化论的拒绝是没有必要的。行为生态学可以帮助我们识别导致社会变革的环境;具体而言,民族国家现有社会秩序被削弱的条件足以使市民社会中的竞争组织更加凸显。博弈论和"囚徒困境"可以解释为什么能动者有时会改变策略,以及新策略如何通过意想不到的结构化效应改变整个社会体系。能动者的策略旨在管理或控制社会环境中的资源,而适应度景观模型则提供了一种表征方式,说明特定策略为什么有时可以为社会生活提供稳定的解决方案,而在其他时候却由于资源分配的变化而受到破坏。新达尔文主义方法研究了在给定环境中,其他行为方式对个体成功繁衍的相对优势。正如任何群体都具有遗传变异性一样,任何人类共同体中都有可能存在相互竞争的社会策略。例如,在互惠利他主义体系中,总会有一些作弊行为(Vickery et al., 1991;Winterhalder, 1996)。社会环境中资源分配的变化可能会破坏以前占主导地位的策略,使次要的策略盛行起来。

第二章确定了两个简单而完善的模型来解释合作的破裂:首先是从非零和博弈到零和博弈的过渡,其次是面对囚徒困境时无法产生相互信任。两种模型都强调了在社会环境中人类能动性的呈现,在这种环境中,信息和物质资源的有效性决定了在特定情况下采用什么样最有效的策略。他们帮助解释了什么使市民社会反对国家,以及为什么市民社会内部的合作可能被竞争和冲突所取代。

第二章表明,人们通常重视而不轻易否定社会关系。即使在最基本的看似无政府状态的社会环境中,人们也会协商维持社会互动的方式。当亚历克斯·德瓦尔(Alex de Waal)研究苏丹达尔富尔地区(Darfur region of the Sudan)的饥荒对农民的影响时,他惊讶地发现,比起忍饥挨饿来,人们更担心饥荒会侵蚀每个人赖以互助的社会关系(de Waal,1989)。如果想要维持现有的社会秩序,那么它在经济上必须是可持续的。随着相邻的行动者所带来的竞争策略及外部干预,"适应度景观"会发生转变,而这一转变可能会破坏当地的适应策略。如果人类如此重视社会关系,为什么人们会纵容扰乱行为,破坏现有的社会秩序?我认为,当经济和社会适应状况的变化破坏了先前占主导地位的社会组织的效力并让其他策略占上风时,现有的社会秩序就会崩溃,而这所谓的"其他策略"通常就是那些已经作为文化资源的从属部分存在的策略。力量的分布可能会偏离国家,而集中在市民社会的竞争组织中。

在第三章的第一部分中,我们要找出造成社会动荡的若干原因。由于市场经济创造的收入水平不高,国家的税收能力有限,一些非洲国家无力维持他们从殖民时代继承来的官僚政府。国际政治和经济加剧了这些非洲国家的内部困难。最近的许多关于社会失序的民族志研究表明,全球化和结构调整计划会削弱民族国家履行与公民之间的社会契约的能力。然而,即使在贫困社会,取得对国家的控制仍然值得一搏;当外援通过政府渠道进入,进而引发内战和政府资源控制权争夺时,尤其如此。当地社区或世系群公有土地的私有化,导致拥有土地的精英阶层崛起;同时,就像在英格兰发生的那样,当地传统市民社会遭到破坏,这是更严重的。当外国代理人寻求获得对宝贵矿产资源的控制权时,当地权力的分配也会发生变化。所有这些条件使维持现有的社交网络变得越来越困难。

本章的第二部分举例说明了在第二章中确定的分析互信崩溃的两种方式。根据罗伯特·阿克塞尔罗德(Robert Axelrod)的描述,如果可以预见到相互依赖的终结,互惠伙伴会出现心理动摇,背弃这种关系。博弈论预测,如果玩家意识到自己已经从合作增加收益的非零和博弈转到资源固定的零和博弈,那么合作就会被竞争取代。新的社会运动为有志向的领导人增加权力,"松散分子",即由于结构调整或农村市民社会崩溃而失去工作的年轻人,可以利用这个运动提供的机会,投入其中。但是,根据布迪厄和吉登斯的说法,能动者可用的实际策略往往是当地文化资源的一部分。社会过程的轨迹在一定程度上取决于这些策略的特色。来自印度尼西亚、印度、南斯拉夫、阿尔巴尼亚和索马里的个案研究,描述了具体的文化传统如何以族群和亲属关系为基础,建构更严格的社会关系网络,排除原来的公民身份合作者,还常常诉诸暴力。

革命从不会完全破坏现有的社会制度。事实上,对激进的社会变革的实际个案研究表明,即使地方社区面临流离失所的严重危机,社会习俗实际上总会保持某种程度的连续性。社会秩序的崩溃很少会导致完全的无政府状态或无社会性,而只会导致现有策略之间的突然转换,或者促使当前策略用于新的目的(例如,参见对法国革命的分析,McAdam, Tarrow and Tilly, 2001:53—58)。社会变革可能是和平的,但是当变革威胁到有抵抗力的社会群体的地位时,尤其是在各竞争派系之间的军事力量相对均衡分布的情况下,很可能会出现暴力。

社会秩序崩溃的原因

政府成本

官僚制有消解地方忠诚、培育国家忠诚的潜力。从殖民政权的角度来看,官僚化提供了一种合理的策略来淡化前殖民时代的忠诚。基于族群或亲属支持而获得权力的本地领导人,可以由国家任命的人员代替。地方领导人收取的用来进贡的财富,现在变成了上缴国家的税金。这种变化不仅为中央政府赋权,也提供了一种使公民满意的方式,即国家正在履行其代表社区所有阶层的社会契约。

但是,政府成本会加剧社会制度的脆弱性。官僚主义比传统政府更昂贵。查尔斯·蒂利(Charles Tilly)计算得出,在 1600 年,法国人每年为创造国家财政收入平均工作 50 个小时,但是在 1966 年,法国人要工作 650 个小时(Tilly,1981:203—204,引自 Migdal,1988:16)。即使市场经济条件足够,许多国家也缺乏达到这种税收水平的手段。

社会学家马克斯·韦伯在他的《社会和经济组织理论》(*The Theory of Social and Economic Organization*)一书中对比了官僚主义和他所谓的"传统"(封建)政府。韦伯对官僚机构比对传统政府更为熟悉,并且毫不妥协地将官僚机构视为理性的选择。与第二章中赫伯特·斯宾塞的方法类似,他将进化论作为普遍进步而不是局部适应。对韦伯来说,传统政府的非理性在于,酋长拥有根据自己的喜好随意施"恩"于臣属的自由(Weber,1947:342)。酋长的官员可能会获得土地权,或他们收缴税款的一部分,或由酋长个人金库支付的报酬。传统政府没有常规的任命和晋升制度,上任前不需要常规的技术培训。另一方面,在官僚体系中,通过合理的法律体系明确阐明了职务的权利和义务,仅根据个人能力任命职员,并接受专业培训。公职人员忠于制度而非上级,支付工资所需的收入是通过普遍征税获得的。

非洲殖民地国家实施官僚制度的成本表明，在收入不足以资助官僚制度的情况下，传统政府也可能是理性的。传统政府与农民为基础的社会相关，在这些社会中，大部分生产是为了维持生计，而为税收筹集资金所需的市场发展是有限的。因此，可以把这两种形式的政府解释成为是对不同社会环境的适应，而不是通向彻底理性的进步阶梯。在非洲殖民地，一个复杂的官僚机构被强加于以生计农业为主的社会。引入商业化农业和采矿业是为了向殖民地国家提供原材料，并产生现金来为殖民地政府提供资金，但是这种出口容易受到国际价格的影响。支付给外派政府官员的薪水与本国(英国、法国或比利时)的薪水相当，当非洲官员接管时，他们得到的薪水与外派官员相同，因此他们没有维持生产基础的需要。由于后殖民政府官员的收入与普通农民的收入差距悬殊，因此，获得后殖民政府职位成为值得争取的肥缺。

1905 年，英国殖民政府开始在乌干达(Uganda)南部使政府科层化，征收税款以资助英国的行政活动(Fallers, 1956)。地方酋王(local kings)改称"县长"(county chiefs)。1938 年，英国人开始轮换县长，以打破他们与追随者的传统联系。因为这也打破了对县长权力的传统限制——他对民众支持的依赖，所以必须引入新的咨询理事会制度。根据贝蒂(Beattie, 1961)的说法，平民无法接受他们要向上级咨询这样一个主意，因此理事会不起作用。乌干达的村长也受到牵连损失。传统上，与上级首领相比，他们更加依赖个人交往来维持自己的权威。英国剥夺了村长征收贡物的权利，但无法为他们提供相应的其他收入来源，因为该殖民地的经济无法产生足够的盈余来征税。

如果国家不能提供安全和服务，那么地方性效忠会更有效，这样就导致小范围庇护关系的产生和亲属认同或族裔认同的复兴。伊丽莎白·埃姆斯(Elizabeth Eames)在对尼日利亚政府的讨论中指出,在以刀耕火种农业为基础的传统农村经济中,当地世系群的年轻成员很容易着手在森林中开发新耕地,通过庇护关系让他们保持效忠的做法也很普遍(Eames,1990:41)。因此,在非洲许多地区,影响政治的庇护关系是惯习的一部分。保罗·理查兹(Paul Richards)认为,世袭制(本地化的庇护关系)也与各种西方机构兼容,包括跨国公司的非正式网络和经纪活动,因此很可能在城市环境中继续存在(Richards,1996:35)。

要使社会秩序持续存在,就必须在经济上可持续。然而,在后殖民时期的乍得(Chad),政府的统治已经"翻了五番,因为无人缴税,官员无薪,道路瘫痪,学校关闭,法律案件无人问津"(Reyna,2003:270,我强调的重点)。因此,历史上,乍得是无法控制叛乱运动的政府之一。史蒂芬·雷纳(Stephen Reyna)报告说,在乍得没人希望有这样的不稳定。理查兹(Richards)同样认为,国家控制的资源不足,无法在塞拉利昂(Sierra Leone)实施民主和科层制度。理查兹将塞拉利昂的内战爆发与20世纪90年代国内收入的下降联系起来。不仅世界经济衰退降低了许多原材料的价格,而且诸如塞拉利昂之类的国家也耗尽了优质矿物尤其是钻石的供应(Richards,1996:36)。因此,政府试图通过庇护农民,尤其是教育上的弱势群体,来增加支持率(Richards,1996:40)。但是,由于塞拉利昂资源短缺,即使庇护关系也无法使所有人受益。失败者可以看到现有系统的不平等。在塞拉利昂,内战中的其他派别努力推行公平制度,但缺少用来落实的资源。他们所能做到的,只能是削弱现有秩序,使社会陷入无政府状态。权力仍然是个人化的,而不是被组织成为等级化的稳定政府,这是因为森林环境限制了通信和军队的移动(Little,1966:65—66;Richards,1996:80)。维持生计的生产在很大程度上取决于一群年轻人,这些年轻人在老年人的庇护下,在自我管理的团伙中执行各种劳动密集型任务。但是,市民社会中传统的庇护网络是不稳定的,部分原因是领导者为招募劳动力而相互竞争。

全球化

官僚政府的不稳定不仅仅由于地方税收短缺。根据第二章使用的适应度景观模型,可以说明来自外部社会的更强大的竞争,如何破坏本地可持续发展的社会系统。马克·达菲尔德(Mark Duffield)同样认为,自20世纪80年代以来,大规模复杂灾害的发生频率的增加,并不仅仅是当地因素造成的,而是以经济全球化为典型的全球相互依存关系的突现(Duffield,1994:50—51)造成的。当资源从本地社会转移到为全球经济服务时,本地社会互动开始像零和博弈。争先恐后地获取本地可用资源的风险增加了,从而产生了不同的策略。

西方强加"结构调整"的政策限制了国家政府向公民提供服务的资金量,20世纪90年代国家政府不断崩溃与这种政策有关系。自由经济改革破坏了官僚政府,削弱了民族国家的能力(Duffield,2001:9)。例如,南斯拉夫解体的原因是经济上对外国银行日趋增加的依赖性。20世纪70年代的"石油危机"导致西方银行向南斯拉夫以及其他东欧和第三世界国家提供大规模借贷。到20世纪70年代后期,南斯拉夫的投资有85%依靠外国贷款(Denich,2003)。这种依赖性在20世纪80年代初就已暴露,当时西方银行开始要求偿还其投资。国际货币基金组织(IMF)要求南斯拉夫通过减少国内支出而从出口中赚钱来偿还债务。如果可以自由出行，南斯拉夫人就会意识到他们的生活水平仅略低于西欧，但是现在标准明显开始下降(Vucho，2002：55)。亚历山大·沃乔(Aleksander Vucho)认为，执政的寡头政府未能解决20世纪80年代中期的经济危机，这使人们愿意接受最疯狂的人担任领导人，因为他提供了一种简便快捷的解决方案。米洛舍维奇(Milosevic)利用农村地区的族群紧张关系进一步实现了他的宗派目标(见第一章)。北约于1992年实施制裁，惩罚米洛舍维奇，这对最接近西方的城市居民影响最大，北约制裁在竞争中将他们从米洛舍维奇的反对者转变为他的支持者，以确保在战乱中获得最大份额的资源，但这些资源正在明显减少，并且争夺资源已经成为零和游戏(Vucho，2002：67—68；参见Jansen，2000)。

约翰娜·莱辛格(Johanna Lessinger)认为，印度教徒与印度穆斯林之间20世纪90年代的冲突与其说是宗教，不如说是由于全球化的张力所引起的阶级冲突(Lessinger，2003：168)。偿还外债导致国际收支危机和通货膨胀。由于政府放弃了对纺织和其他地方工业的支持，男性就业人数下降，而女性(通常是非正式部门)的就业人数有所增加。性别关系发生了变化。经济自由化威胁到许多形式的政府社会保障(Rao and Reddy，2001)。印度的小资产阶级和农村地主也感到他们被排斥在兴起的消费文化之外。种姓等级正在崩溃，高种姓的成员将之视为威胁。在20世纪80年代初期，一群来自印度南部一个村庄的低种姓人试图通过皈依伊斯兰教来挣脱种姓制度。印度教组织利用这个事件发起印度教运动，推动支持传统秩序的印度教国家取代世俗体制(参见

McAdam，Tarrow and Tilly，2001：148）。

私有化和当地市民社会的解体

最初的私有化运动是英国的圈地运动，据称其合理性在于私有财产比集体财产更易于管理（见第一章）。自从加勒特·哈丁（Garrett Hardin）的《公地悲剧》（*Tragedy of the Commons*）（Hardin，1968；McCay and Acheson，1987；Ostrom，1990）引发辩论以来，一些学者现在开始接受地方对公地的控制是可持续的，而且地方社区可能比其他组织更有能力管理水或森林（Benda-Beckmann，2001：296）。然而，尽管有这些证据，经济产权学派仍然认为，只有私有产权及可自由转让的使用权，可以为保有权提供保障，从而有助于经济盈利（Duffield，2001：101），创建由欧内斯特·盖尔纳和亚当·塞利格曼推崇的特定类型的市民社会。

在传统的班约罗（Bunyoro）王国中，英国人在殖民后不久就试图给每个家户一小片私有土地，以取代封建的土地所有权等级（Beattie，1961）。传统行政官员比家户更了解新法律，因此将其封地注册为私有财产。于是农民突然发现自己已经成为租户，就像在1790年革命期间在法国的部分地区所经历的那样，农民抱怨说他们失去了一位领主，但却换来了一位地主（Hampson，1963：129，261）。

既然私有化意识形态显然对市民社会的传统形式造成破坏，为什么它不可磨灭？第一章指出了关于英国圈地的话语论争如何在现代政治辩论中持续存在。弗朗兹·冯·本达-贝克曼（Franz von Benda-Beckmann，2001）认为，由于欧洲和美国的经济发展一直以个人财产所有权为基础,因此人们不恰当地断定,公共财产代表了陈旧过时和经济落后的社会。像在圈地论争中所说的那样,如果所有权摆脱了社群的限制,那么就可以用土地来抵押银行贷款,投资于更好的生产方式。创新的个人将不再受到集体习俗束缚,一旦土地成为一种可销售的商品,富人就可以购买它。

乔尔·米格代尔(Joel Migdal)记述到,尽管殖民地势力声称要遵循亚当·斯密"看不见的手"思想,但还是明显地进行了干预,以确保市场渗透到生计生产和本地贸易中(Joel Migdal,1988:56)。从墨西哥到奥斯曼帝国,各国废除了公社土地所有权。米格代尔认为,土地私有化首先是为了确保国家的霸权统治,这一观点得到埃斯特尔·金斯顿-曼(Ester Kingston-Mann,2003)的佐证:作者记述了苏联对俄罗斯米尔(*mir*)或曰公社(见第一章)的敌视。第二个目标以土地不再作为维持生活的生产资料为代价,利用欧洲和美国对棉花、糖、咖啡、黄麻、靛蓝等的大幅增长的需求,使土地所有者上层受益,并且有可能增加国家的税收。

但是,土地所有权共有不一定是非理性的。本达-贝克曼(Benda-Beckmann,2001)认为,农民耕种者世系财产的主要功能,是为延续继嗣群及其后代成员提供物质基础。这就对永久或临时把世系财产转移给群体外的人构成了严格的限制(Benda-Beckmann,2001:307,参见 Benda-Beckmann,1990,第二章中的引用)。根据威廉·汉密尔顿的亲族选择理论,人们对己出子女继承其劳作过的土地的权利抱有信心;从这个理论视角看,对土地的担责守护,成为增加父母"包容性适应"(inclusive fitness)的一种方式,以确保其基因通过后代得到传承。如果私有化的土地落入决策者的手中,例如国家官员,他们本身并不完全依赖于土地资源,也不生活在那个环境中,但确实试图从土地资源中获取最大财政收入,于是他们更有可能造成土地的破坏。"公地的悲剧似乎是免费侵入者(free raiders)而不是免费搭便车者(free riders)的问题"(Benda-Beckmann, 2001:305)。市场结合国家对土地所有权的重新分配,使人们可以不受限制地获取自然资源,并破坏了当地市民社会所依赖的相互信任和信心(Benda-Beckmann and Benda-Beckmann, 1999:39)。获得个人所有权的机会导致长期合作失灵。科乔·塞巴斯蒂安·阿玛诺(Kojo Sebastian Amanor, 1999)认为,在加纳,高昂的成本和不安全感已导致许多农民与农业综合企业签订合同,生产特定数量的特定作物。这样就可以保证价格,却同时阻止了农民在公开市场上寻求更高的价格(比较罗森博格的研究,雀巢在法国阿尔卑斯山的奶业开发,Rosenberg, 1988:163)。这样的合同使农业综合企业无须提供社会保障或福利就可以将非洲农民聘为雇员(Amanor, 1999:27—28),但是他们却承受着搭便车肆虐的乱象,因为农作物会被抢劫,那些被正式合法领域的活动排除在外的妇女和年轻人也会来处理这些农作物(Amanor, 1999:141)。

马克·达菲尔德(Duffield, 1981)在对苏丹小城市迈乌尔诺(Maiurno)的研究中,呈现了农民和当地精英如何采取不同的策略。农户通过轮种,可以在恢复休耕之前将土壤肥力维持20到30年。因为他们依靠土地维持生计,所以维持土地丰产符合他们的利益。但是,富人将农业主要视为积累现金用于商业投资的短期手段。他们不关心土地的长期效力,因为这不是他们唯一的资本形式。他们视土地为消耗性资源,土地枯竭后,将经济作物的利润再投资于其他经济活动,例如运输或零售。迈乌尔诺的传统农民在地方资本家和人数不断增长的雇佣劳动者之间受到挤压。

由于目标保持不变，圈地运动话语在继续。圈地运动在英国是"起作用"的，因为工业革命创造了一些就业机会来吸收流离失所的农村人口，并且工业革命对圈地上生产的主要农产品有很高的需求。在农业市场更加动荡，城市就业不足的地方，批评圈地运动的人预见到其社会动荡的风险会更高。我们见证了在不同的社会环境中实施的相同策略。

苏丹北部机械化农业的发展促使该国将牧人的草场用于耕种（Duffield，1994）。农民从中受益了，但包括巴加拉阿拉伯人（Baggara Arabs）在内的游牧民遭受了损失。到20世纪80年代，"资产转移"的过程已具有暴力、派系和族际的特征，阿拉伯人与非洲苏丹人之间的内战重新燃起。例如，巴加拉（穆斯林阿拉伯人）为了寻找草场，就对其草场更靠南的尼罗河流域丁卡人（Dinka）和努尔人（Nuer）下手，声称属于异教徒/基督徒的尼罗河人"不适合"拥有这些畜牧财富。"这样，从政府要武装一支业余民兵的战略出发，巴加拉人成为可利用的工具"（Duffield，1994：54）。2005年，该战略直接针对了苏丹西南部的富尔人（Fur）。

自然资源的竞争

如果国家从私有化中受益，它就必须足够强大，以防止敌对群体夺取利益。由于私有财产可以被抵押和出售，越来越多的企业家可以通过私有化来控制大量的土地，并组织出口的农作物产品的种植以谋取私利。当地市民社会的瓦解，可能会破坏争取人们全心全意忠于国家的目标。拉丁美洲的土地私有化，制造了一个敌视国家集权的新地主阶级，而原先独立的农民则沦为贫困的佃农。墨西哥的私有化法律并没有废除大庄园,它反而使大地主更容易攫取未经适当注册的土地。到 1910 年,墨西哥不到 1% 的家庭拥有 85% 的土地(Migdal,1988:63)。在俄罗斯,20 世纪 90 年代初发生的私有化,基本没有考虑对有能力购买国有企业的犯罪组织的赋权作用。虽然私有化并没有制造俄国"黑手党",但是它导致的资源分配的变化,使有组织犯罪成为更具"适应性"的策略(参见 Handelman,1994)。

在资本主义市场经济中,公司是市民社会的重要组成部分。在国家缺乏征税手段的地方,财富可以被用来赋权其他社会组织。达菲尔德估计,在肯尼亚和俄罗斯,只有 40% 的国民生产总值通过合法和公共监管的活动获得;在安哥拉(Angola),这一比例可能不超过 10%(Duffield,2001:141)。即使在石油和木材贸易合法的地方,跨国公司也越来越多地利用公司雇佣军来保护自己的飞地,而非法贩毒者甚至更有可能诉诸暴力。

詹姆斯·费尔海德(James Fairhead,2000)就卢旺达和刚果边界战争写了一篇一针见血的论文。他沿用与达菲尔德和理查兹相同的观点,批评这样一个大众化的推测:人道主义危机是由于当地对环境的过度开发和随之而来的贫困。特别是在那些首先需要开发贵重矿物(钴、钻石等),其次需要控制采矿劳动力的地方,国际干预会因为偏袒一方而加剧地方的紧张局势。理查兹同样写道:"塞拉利昂冲突的暴力文化……已经嵌入大西洋国际贸易的杂糅世界中,多年来,欧洲人和美国人在其中起着举足轻重的作用,并且经常扮演暴力角色"(Richards,1996:xvii)。布赖恩·弗格森(Brian Ferguson,2003:6)描述了钻石和毒品等"非官方产品"如何进入国际贸易。政府额外的组织(通常是非法组织)增加了财富和权力,结果是国家的根基动摇,国税收入也减少了(Ferguson, 2003:7)。

上面的例子反复证明,第三世界国家生活在由西方塑造的进化论的经济环境中。外国投资者推动印度政府实行经济自由化,他们希望获得印度的廉价劳动力和尚未开发的消费市场(Lessinger,2003:169)。西方的经济政策影响着第三世界的社会稳定,这些国家的市民社会的崩溃不能简单地归因于它们固有的无政府状态。相反,当代民族国家被嵌入经济适应度景观中,其中每个国家都影响着其他国家的稳定,也形塑了地方群体的策略,这些地方群体开始争夺资源。那些市民社会中有控制力的群体,在行使权力的形式上是异质的(家庭与部落),在行使权力时所遵循的规则也可能是异质的(讲义气和利润最大化)。社会控制的分布可能是分散的,也可能是集中的。弱国受到国家层面以下强大组织的威胁,例如世系群、族裔和宗教组织——它们是市民社会的构成成分。如果它们作为社会组织的替代性部署持续存在,当资源减少到现有国家结构难以为继的程度时,那么,族裔、亲属及有选择性的庇护关系,很可能会脱颖而出。这样的组织可以倡导对抗性规则来使用和管理资源。如果违反这些规则,可能会爆发暴力冲突。雷纳(Reyna)认为,场域中的力量分布,取决于参与进来的团体所拥有力量的强弱和形质。在强大的国家中,暴力实际上被限制在政府机构内;它的凝聚度高,弥散性小。但是,暴力可能"既分散又集中在市民社会的机构中。这些机构有可能变得彻底不文明"(Reyna,2003:265)。显然,可以这样解释:无政府社会策略是地方上对经济环境变化的理性反应,这种变化破坏了民族国家的权力,或使它不能够满足公民的需求。

暴力和灾难性变迁

替代策略和复杂系统

第二章我们讨论了在相同的适应度景观中（资本主义美国的摩门教徒，欧洲的生产合作社和企业家），可以同时有两种或多种替代的组织策略，用来获取和开发资源。替代策略的存在并不一定会引起社会混乱。当系统从一种状态迅速转变为另一种状态时，可以通过"灾变"的概念来解释暴力混乱。由于政治是以武力为基础的，因此，用武手段的重新分配常常引发巨变。暴乱是否发生，在很大程度上取决于替代方案是相互兼容还是相互冲突。

在匈牙利农村地区，合作社和私人家庭生产是兼容的，但是当家庭企业获准在镇里出现时，情况就变了。企业家破坏并最终摧毁了计划经济。人类学家埃德蒙·利奇（Edmund Leach，1954）以这个发现著称：在第二次世界大战之前，缅甸北部高地的克钦族人（Kachin）中，有些村庄是自治而平等的，其他的则服从当地克钦族首领的权威领导。历史证据似乎表明，特定的村庄一直在这两种形式之间摆动。雷·亚伯拉罕（Ray Abrahams，1990）认为，利奇在缅甸高地发现的过程可以在复杂系统理论中得到解释；复杂系统的活动是不可预测的，并且几近混乱的边缘。利奇得出的结论是，克钦族人承认了两种理想却又相互冲突的政治组织形式：平等的贡老制（gumlao）和等级化的贡萨制（gumsa）。山谷里的王子的领地基于灌溉水稻的耕作，而住在中间高原上的克钦邦则通过刀耕火种种植旱地水稻。克钦邦的农作物收成比灌溉水稻少征税，而且人们不得不每隔几年搬家，这给他们提供了更多的机会越过专横的领导人的边界，因此，小酋长的权威不稳定。利奇认为，克钦高原上的贡萨制酋长倾向于积累权力，试图效仿邻近山谷的王子，直到他们在使用高地资源方面遇到冲突，导致叛乱的臣民重建贡老制，并重新获得对农作物和妇女的控制权。杰克·古迪（Jack Goody, 2001: 161—163）将其解释为市民社会反抗国家的案例。大卫·纽金特（David Nugent, 1982）认为克钦邦酋长应将其权力归功于鸦片贸易，而利奇记录的叛乱是在英国阻止鸦片贸易时发生的。

适应度景观代表了一种复杂的系统，斯图尔特·考夫曼将其描述为"近乎混乱的秩序"（Kauffman, 1993: 181）。亚伯拉罕在利奇的分析与考古学家科林·伦弗鲁（Colin Renfrew）对于约一万年前西亚农业突然产生的解释之间进行对比。伦弗鲁提出，灾难理论可以解释基于另类生存策略（此处指采集和耕种）的生活方式差异。在某些情况下，两者的成本和收益可能是一样的，并且一个社区可以从事混合经济，在本个案中是将采集与低水平畜牧业相结合。随着条件逐步变化，其相对成本和收益可能也会发生变化。这种情况发生在社会主义匈牙利，当时私人生产和合作生产并行的双轨制经济转移到城市里。不断变化的条件可能会使诸如采集和种植等另类方法变得不协调，却同样令人满意地解决了生存的成本和效益。在后一种情况下，会出现两种情况：一部分人继续走觅食的路，另一部分人进入耕作（Renfrew, 1978: 207—210），或者一些人从事私营企业，而另一些人加入生产合作社或摩门教社区。然而，如果两者不相容，人们可能会突然（灾难性地）放弃一种策略，转而彻底依赖另一种策略（如克钦族和匈牙利城市所示）。

可以采用相同的方法来分析20世纪的暴力社会变革。当竞争对手的策略占据优势地位时,现有的社会秩序就会崩溃。例如,当对国家的信任受到损害时,对族群和氏族的忠诚就变得更加可行。如果一些社群怀疑国家偏袒社会的某些部门,或者国家未能提供人身保护、法律救济和稳定的经济,人们可能会突然重新分配资源,支持能取而代之的领导人。就像米格代尔(Migdal)所说的那样,诸如国家、民族团体、基于社会阶级而形成的机构、村庄等组织,为个人提供了"生存策略的构成成分"(Migdal,1988:29)。这些策略不是从人类社会某个原有阶层涌出的"原初"策略,而是活跃的,并具有当代相关性,存在围绕实施哪一种社会策略的政治竞争。

因此,一场革命是一场结果不确定的竞赛(参见Bailey,1969)。不稳定的社会制度可能为人们提供可实现的选择;每个路径都以不同的方式改变社会系统。当复杂的系统进入不稳定状态时,单个行动就会产生明显的影响。这就是所谓的"蝴蝶效应",风暴的方向可以通过蝴蝶翅膀的颤动来改变(参见Stewart,1997;Layton,2000:358—359)。社会秩序容易受到党派领袖的影响,他们会为日益加剧的困境提供快速解决方案。

米格代尔将民族国家的扩散解释为一种军备竞赛,类似于生物进化中的"红桃皇后"现象,这种现象推动了掠食者和猎物的共同进化。当现有国家的社会环境已经改变时,新的国家就会出现。如果要抵抗现有的国家,则必须创建新的国家对抗它。米格代尔认为,使人们服从国家规则而不是庄园或氏族的规则,其目的往往不是为了实现普遍正义,而是为了把权力集中在国家领导人周围,以确保他们继续执政。但是,在霍布斯和卢梭所指的意义上,国家与它所统治的人民之间存在着一种默认的社会契约。没有哪个国家是完全靠武力统治的。在市民社会中,不履行社会契约的政府容易受到其他权力中心的攻击。

当苏联解体时,民族主义领导人高压实行改革,突然放弃一种战略,转而完全依赖另一种战略,这是典型的例子。与南斯拉夫联盟一样,他们争先恐后地获得资产和自治权,以确保他们在新政权中的地位。只要区域领导人得到中央的有力支持,就可以压制民众对苏维埃制度外自由的要求,但是一旦中央被削弱,就做不到了。现在,地区领导人及其竞争对手为了赢得民众的支持,很愿意将自己包装成当地人民的真正代表。缅甸高地贡老制群体发生叛乱时,发生了"灾难性"的变化,转向了新的自治政治策略。道格拉斯·麦克亚当、西德尼·塔罗和查尔斯·蒂利(Douglas McAdam, Sidney Tarrow and Charles Tilly, 2001)认为,暴力社会变革轨迹上最重要的变量之一,是武装部队人员对执政联盟的叛变,而另一些研究则表明,大量失业的年轻人很容易被招募为那些有抱负的领导人的武力支持者。

政府作为一种资源

弗格森(Ferguson, 2003)对"弱国家"概念提出了批评。他指出,在贫困普遍存在的地区,即使"弱"政府也可能比较富裕,这使进入政府成为冲突的根源。尽管(在我看来)"弱国家"作为一般概念并未被推翻,但许多非洲个案研究却证明了这一点。非政府组织绕开国家,用横向的跨国联系取代国家的层级结构时,也会削弱国家。但是,当非政府组织依赖现有精英或国家结构时,它们反而会增加当权者可用的资源。如果精英的执政能力很弱,那么竞争对手可能会挑战国家的控制权。

达菲尔德(Duffield,1994)认为,要弄懂苏丹这类国家为何得以生存,关键是要认识到,灾难中既有成功者也有失败者。在 20 世纪 80 年代,苏丹政府通过高估本国货币并要求用当地货币支付办公室租金和本国雇员的薪水等,获取大笔资助用于地方援助。这样,苏丹获得了一笔相当于其年度军事支出一半的款项。然而,雷纳(Reyna,2003)认为,自独立以来,在乍得发生的内战都是由争夺高级职位和国家控制权引起的。乍得大约 80% 人口是自给自足的农民。高级政府官员是唯一可以积累财富的职业,这些财富通常投资于当地的土地、商业和国际贸易。

李峻石(Günter Schlee,2002)在索马里也报道了类似的情况。在 20 世纪 90 年代初,联合国对索马里进行干预期间,住在摩加迪沙(Mogadishu)特定地区的许多联合国官员的收入比索马里的官员平均高四十五倍。正如李峻石指出的那样,这并不奇怪,为了让联合国帮助他们的国家,索马里官僚让粮食援助企业和其他慈善机构缴费,以取得帮助该国的许可。因为急于完成项目并转到下一个项目,援助机构代表常常很愿意出钱贿赂。物资消失了,分配给项目的包裹也消失了。因此,在苏丹,"国家迅速变成了一种从外部获取帮助和私吞外部资源的工具"(Schlee,2002:256)。艾迪德(Aideed)将军控制摩加迪沙港口时,能够征收高昂的税金,并直接抽取进口粮食的 10% 至 20%。因此,毫不奇怪,敌对团体为了控制索马里国家而挑战他。

松散分子

不同战略的鼓吹者之间的权力转移可能导致革命过渡。卡普兰（Kaplan）指出，涌入城市的年轻人正在破坏非洲的社会秩序，这些年轻人就像极不稳定的社会流体中的松散分子……近乎燃烧（Kaplan，1994：46）。卡普兰将这些年轻人从农村逃离归因于人口过多，疾病蔓延，森林砍伐和土壤侵蚀；他认为所有这些都是由于当地管理不善造成的。达菲尔德（Duffield，2001：27）将卡普兰所倡导的方法的起源追溯至一份1981年发表的联合国报告。萨德尔丁·阿迦汗（Sadruddin Aga Khan）将20世纪70年代全球难民的增加归因于为不稳定的政府提供现成的武器，以及发展中国家的人口增长、失业、沙漠化和快速城市化等。发展中国家提出的相反观点是，政治动荡是由全球不平等和贸易不平衡问题（即发展不足）引起的，但是这个观点影响较小。萨德尔丁·阿迦汗的解释之所以具有吸引力，是因为它把责任从西方转移到了全球变化的受害者身上。

理查兹（Richards，1996）质疑卡普兰的论点，称其为"新野蛮主义论题"。塞拉利昂的战争源于利比里亚的战争，利比里亚是该地区人口最稀少，森林最茂密的国家。因此，利比里亚的战争不可能是土地短缺造成的。卡普兰论证，塞拉利昂人口密度更高，遭受的森林砍伐更多，但卡普兰的数据是错误的（Richards，1996：117—124）。在塞拉利昂，农村人口密度正在下降，农业用地未被充分利用。理查兹辩称，塞拉利昂的战争是政治崩溃和国家衰退造成的，而不是人口过多和土地退化造成的（见上文）。

但是，年轻的失业者或就业不足的男人经常在非洲发生的社会混乱中扮演重要角色。雷纳（Reyna，2003）报道说，乍得内战的许多士兵都是年轻人，他们虽然接受过一些教育，但仍无法完成中学教育。许多人梦想成为政府官员，但实际上他们有的在城市失业,有的返回乡村。卢旺达的许多胡图族(Hutu)极端主义民兵也是一些只配备了棍棒和砍刀的未成年人或未成年男性(Taylor, 1999:5)。卢旺达是撒哈拉以南非洲人口最多的国家。克里斯托弗·泰勒(Christopher Taylor)承认,缺乏土地导致大屠杀;不过这里土地肥沃且耕种密集,两英亩土地可以养活九口之家。但是,咖啡实际上是唯一的出口商品。干旱加上世界咖啡价格的下跌,以及世界银行的结构调整计划,导致卢旺达西南部成千上万的人逃往邻国。年轻的失业者或就业不足的男人,可以通过参加族群屠杀而找到工作。"只要成为联攻派民兵(Interahamwe),杀死图西人(Tutsi),就可以将自己升格为'国家雇员'的身份。人们甚至可以期望国家最终会为他们的服务提供补偿,而且确实,国家有时会给予这种补偿,而且国家越来越频繁地给予他们这样的承诺"(Taylor, 1999:141)。

也并非仅在非洲发现"松散分子"。约翰娜·莱辛格(Johanna Lessinger)指出,现代化的资本主义发展即使不完全,也往往会产生大量受过一点教育的,但就业不足的年轻人。在印度,印度教民族主义党(Hindu Nationalist Party),世界印度教徒大会(VHP),"现在利用城市失业男青年的绝望情绪,为自己增加了青年派;这些青年喜欢携带长矛游行"(Lessinger, 2003:162)。贝特·丹尼奇(Bette Denich)描述了在巴尔干战争前的几个月中,"一堆先前被禁止使用的旗帜、歌曲、徽章和制服,提供了量身定制的'反英雄'形象,从而吸引了大量发现自己在经济危机期间'多余'的同样一批年轻人"(Denich, 2003:192)。一位前波斯尼亚塞族营地警卫告诉丹尼奇,许多25岁以下的人从未找到工作。一旦穆斯林和塞尔维亚民族主义者给他们一个满分鼓励,就可以让这些年轻人去做他们想让他们做的事。

"松散分子"是对真实现象的隐喻,但社会上不稳定的年轻人并不是由社会固有的无政府状态所产生的。他们是全球经济的产物。

博弈论和囚徒困境

是否可以量化互不搭界的策略之间转向灾变的局点？第二章讨论了两种分析互信破裂的方法。阿克塞尔罗德(Axelrod,1990)对囚徒困境的实验表明,要使互惠继续存在,人们不仅必须在以前的社会交往经验中彼此作为值得信赖的伙伴,而且还必须预期他们将无限期地相互依赖。阿克塞尔罗德发现,如果互助合作伙伴知道他们是最后一次合作,也不会互相依赖、进一步合作,他们将失去把时间和资源用来帮助他人的动力,并且会变得自私(Axelrod,1990:10—13)。道格拉斯·麦克亚当、西德尼·塔罗和查尔斯·蒂利(Douglas McAdam, Sidney Tarrow and Charles Tilly,2001:251)以这样的语言描述了戈尔巴乔夫改革后的俄罗斯局势:"时间跨度迅速缩小。不论规模大小,人们都不能再指望对现有系统的长期投资可以获得相应收益。他们转向了短期收益和退出策略。"就像陷入困境的两名囚犯一样,他们转向了相互背叛。什泰夫·詹森(Stef Jansen)分析了三名解散南斯拉夫国家的妇女(两名克罗地亚人,一名塞尔维亚人)的报道。一位叫杜布拉芙卡·乌格雷希奇(Dubravka Ugrešic)的人写道:"突然一切都必须改变:通信录、语言以及我们的名字,我们的身份。一切都以惊人的速度变成了旧垃圾"(Jansen,1998:95)。而那些没有放弃南斯拉夫身份的人被称为"南斯拉夫僵尸"。

互信的破裂也可以解释为,从非零和博弈转变为零和博弈。如果可以通过合作增进每个人的福祉,那么他们就有很强的合作动机(非零和博弈)。如果人们认为资源是固定的,那么争夺战将爆发,以确保自己获得最大的份额。族裔和亲属关系为市民社会提供了实现其目标的适当组织。李峻石(Schlee,2004)用这些术语分析了索马里内战期间,为控制政府而奋斗的联盟的动态。

恐怖主义是削弱对社会秩序信任的有效途径。雷诺斯·帕帕佐普洛斯(Renos Papadopoulos,2002)描述了他在塔维斯托克诊所(Tavistock Clinic)的治疗工作,他在那里为红十字会释放的前波斯尼亚集中营囚犯治疗。他记录说,暴行的幸存者不仅不能识别自己的随身财物,失去了人际关系,而且还在现实中失去了对于某个语言群体、某个地理和某个建筑景观的归属。当邻居互相攻击时,受害者甚至失去其个人身份和信任社会关系的能力。阿尔弗雷德·加伍德(Alfred Garwood)引用自己作为大屠杀的儿童幸存者的经历,指出纳粹对贫民窟和集中营强制执行的行为,目的是为了使犹太人感到自己有缺陷。"在德国和奥地利,越来越多的反犹太法律和公开羞辱的目的,就是剥夺权力、制造贫穷和恐怖。在难民营中,被幼稚化、羞辱、饥饿、折磨、谋杀都是每天发生的事"(Garwood,2002:363)。人类学家克洛德·列维-斯特劳斯(Claude Lévi-Strauss)的自传《忧郁的热带》生动地描述了第二次世界大战爆发时乘船逃离欧洲的各色乘客。许多人受到一些船员的恶意和愚蠢的严重影响,他们知道难民被剥夺了社会身份,成了无足轻重的小人物(Lévi-Strauss,1973:29)。

在印度,印度教极端主义暴力旨在通过制造混乱、恐怖和破坏社区来使现行的国家机构瘫痪,直到某些地区失控。这是"相对脆弱的国家面临的严重威胁,这些国家往往贫困人口众多,国家资金短缺"(Lessinger, 2003: 172)。理查兹质疑卡普兰将最近的非洲内战中的暴力归因于非理性的宗教信仰。理查兹回应说,我们可能无法为恐怖活动辩护,但它并非没有理性;其目的是扰乱受害者。恐怖分子的策略目的就是使武装精良的士兵士气低落,控制村民(Richards, 1996: xx)。塞拉利昂为了防止妇女收割庄稼,切断她们的手。由于无法收获庄稼,年轻的新兵缺少离开叛军、返回村庄的动机。

与普通罪犯不同,恐怖分子旨在引起国家的过度反应。"如果普通百姓开始觉得社会的自由民主性质被政府的反应所破坏,那么,从长远看,当局政府要为自由的丧失负责,而不是恐怖分子。"(Alderdice, 2002: 9)。恐怖主义组织经常声称对其行动负责。这样的组织旨在破坏社会规范,激起民愤,从而使自己不可被忽视。恐怖分子旨在破坏一种"对他人回报意愿的信任",从而使人以不信任的态度与人来往,导致囚徒困境中的相互背叛,继而退缩到自己族群或亲属的保护中。

重新划定市民社会界限的策略:(i)亲属关系

第一章讨论了亲属关系不是社会关系的"原初"基础,而是维持社会组织的合理方式。爱德华·埃文斯-普里查德(Edward Evans-Pritchard, 1940)在对苏丹南部放牧牛群的努尔人(Nuer)的经典人类学分析中,说明了政治上非集权的社会是如何维持社会秩序的。埃文斯-普里查德辩称,每个努尔"部落"的团结都有其生态基础:每个部落团结起来捍卫牧草和牲畜用水。正如戴森-赫德森(Dyson-Hudson)和史密斯(Smith)后来在 1978 年阐明的那样,牧场和水源都太稀少,而且难以预测,较小的社会群体没有必要守卫某一块地盘。在埃文斯·普里查德时代,努尔人没有酋长,但是在部落内部,努尔人有认定的调解人,可以干预解决争端,因为大家都对保障行动自由有共同的兴趣。另一方面,部落内的世系群(据说是一个共同的男性祖先的后代)拥有牛群。家户管理自己的牛群,但如果他们因掠夺、疾病或干旱而失去牛群,则可在自己的世系群内向其他家户借牛。世系群为其成员提供相互保障[参见有关的桑布鲁(Samburu)的研究,见 Spencer,1965]。因此,纷争最有可能在同一部落的不同世系群之间爆发。联姻发生在部落内的世系群之间,在家户之间建立同盟。

在阿尔巴尼亚北部和索马里,农民和牧民的传统社会组织以自治世系群为基础,联姻结盟或血亲复仇把这些世系群联系在一起。描述这些个案的人类学家指出,这两个社会与努尔相似。在没有可靠的国家组织的情况下,地方效忠很重要。国家的崩溃导致世系群组织的复兴,成为确保个人生存的更有效的策略。世系群组织之所以能持续下去,是因为它继续满足当地的社会需求,甚至得到软弱的国家政府的支持,这是间接将政府权力扩展到地方层级的一种手段。

索马里

在欧洲殖民化之前,索马里没有中央集权的国家。索马里人属于许多自治世系群,唯有共同语言把他们团结在一起(Lewis,1997:181)。索马里是多数人口仍从事游牧业的唯一非洲国家。牧民政治是建立在同族联盟中的,例如努尔人。较大群体在争端中具有优势,因为他们的力量会阻止较小群体复仇,而在较大群体必须为谋杀支付赔偿时,每个成员的支付也相对较少。李峻石(Schlee,2002)认为,武力是规则的基础,而不是规则的破坏力。

索马里于 1869 年开放苏伊士运河后被殖民,并在 1960 年成为一个独立的民族国家。独立后,该国分崩离析。索马里国家和国外发展机构都错误地认为牧业经济是落后和无效能的,导致牧业经济越来越被忽视。由于缺乏其他可出口的产品,国家的现成收入受到限制。在整个 20 世纪 60 年代,尽管恶性通货膨胀,公务员的工资水平都没有提高。

为了应对国家的破产,穆罕默德·西亚德·巴雷(Mohamad Siad Barre)将军在 1969 年发动了成功的政变。他自己的氏族成为权力基础的核心,母方家族也支持他。他女婿的家族控制着国家安全部门(Lewis,1997:183n)。世系群组织已经控制了国家。西亚德·巴雷个人重新掌握对土地资源和水资源的全部分配权,取消了财产的习惯保有权,从而解除了地方领导人的权力。但是西亚德·巴雷利用世系群制度为自己谋利,因此也颠覆了自己摧毁氏族势力基础的努力。为了使自己的权力最大化,他促使氏族与氏族对抗,亚氏族与亚氏族对抗。他"为了确保忠诚支持者的网络能遍布所有氏族,精心算计,奖惩分明"(Besteman,2003:292)。

1977 年,巴雷组织与索马里人有亲缘关系的诸氏族,进攻埃塞俄比亚南部的奥加登(Ogaden)地区,以失败告终。巴雷在埃塞俄比亚的失败削弱了他的军队。索马里北部的部族反抗他的统治。人权组织最终说服外国政府停止提供援助。巴雷的影响力降低到仅限于自己所在的玛瑞汉(Marehan)氏族。其母亲的氏族及女婿的氏族甚至有一部分叛逃(Schlee,2002:257)。西亚德·巴雷于 1991 年被艾迪德将军（General Aideed）领导的哈维耶（Hawiye）氏族集团推翻。北方作出了反应,宣布自己在英国前殖民地索马里兰（Somaliland）的边界内独立（Lewis, 1997：184）。约安·刘易斯（Ioan Lewis）引述了索马里一位曾经做过内政部长的朋友的经历,此人决定返回自己在北部的氏族,和亲戚朋友们组成由 70 辆车组成的车队,花了两个月的时间才完成这次旅程,而在和平时期只要 24 个小时。车队有自己的武装护送,并被迫在他们越过的每个氏族领地雇用当地向导和保护者。四辆车被抢劫,其中一辆是被保护这辆车的武装卫队抢劫的。旅途中有 18 人死亡,30 人受伤,但有 9 个婴儿出生。

在索马里其余地区,敌对部落的领导人继续为权力而战。到 1990 年,没有法院,也没有大学：学者和律师都失业了（Bowden, 1999：114）。在 1991 年 11 月至 1992 年 2 月的 4 个月中,估计有 14 000 人被杀。双方袭击了两个南部河流之间的农业地区,这里提供索马里的大部分粮食。大约 11 000 名南方人逃往肯尼亚和其他国家（Declich, 2001）。随着农业的破坏,饥荒蔓延,3 万多人死于饥饿。

李峻石认为索马里的世系群并非一成不变,但索马里军阀在建立联盟时仍必须遵循文化模式。正如吉登斯（Giddens, 1984：170）所指出的那样,社会结构既可赋能亦可限制。"氏族组织为他们提供了军事招募的工具和材料,同时,也限制了他们招募所需人员的选择自由"（Schlee, 2004：151）。选用特定的修辞,例如与另一个索马里团体结成兄弟关系,就排除了与该群体联姻的可能性。同盟的逻辑也可能意味着一个兄弟的兄弟也要求受到热情款待。一个人可能陷入比自己能预见的更多的关系中,如果一些人决定采用某种认同,那么这个决定同时会影响到其他未被考虑到的人。

阿尔巴尼亚

阿尔巴尼亚有两个主要种族居住,北部是盖格人(Ghegs),南部是托斯克人(Tosks)。伊恩·惠特克(Ian Whitaker)将盖格人描述为"直到 20 世纪中叶,在欧洲幸存的部落体系中唯一的真实例子"(Whitaker,1968:254)。一个叫作费茨(fis)的氏族是一群声称从一个共同的男性祖先世袭至十四到十五代为止的人,尽管许多联系可能是虚构的。世系群中现存成员包括一些大家庭,其中有的多达 60 至 90 人,他们共同拥有财产(Whitaker,1968:256)。阿尔巴尼亚北部的一个传统"领地"包括一个扮演征服者角色的氏族、以前的居民和新来的人(Doja,1999)。

此外,传统的阿尔巴尼亚加隆(Kanun)法典要求成员绝对忠于亲属群体,鼓励对外人的背叛。守望加隆会促进家族世仇(Boehm,1992),但也提供了结束世仇的程序。"通过采用'传统'作为道德准则来区分接纳和排斥这两种不同类别,将人们分出敌友。"(Schwandner-Sievers,1999:135)。通过在群体之间建立兄弟关系,结束血仇。双方都必须同意荣誉得到了维护(138)。叫作巴加尔卡塔斯($bajraktars$)的氏族首领担任法官,对争议进行仲裁。奥斯曼土耳其人(The Ottoman Turks)除了通过市民社会的调解结构之外,无法接触到个人,因此十分依赖于这些市民社会组织(Whitaker,1968:259)。

第二次世界大战后,执政党决心打击所谓的"传统父权制家庭"。有权势的家族最容易遭受迫害、身陷贫穷和屈辱(Schwandner-Sievers,1999:148)。斯蒂芬妮·施万德纳-西弗斯(Stephanie Schwandner-

Sievers)认为,政府对地方社区控制不力,导致它暗地里继续依靠传统的地方首领(Schwandner-Sievers,1999:135;参见 Zubaida 对中东的研究,2001:243)。她还写道:"政府最高官员的意识形态和行为复制了软硬兼施、荣辱交替的观念。"(Schwandner-Sievers,1999:136)共产主义思想的崩溃造成了"法律真空",导致了向较早的社会程序的转变,这不是因为它们是原生的,而是因为这些程序被默许保留。在政府垮台之后,加隆得以复兴,也许还得到了重新诠释。传统上有权势的家庭开始恢复自己的地位,并扭转对土地的社会主义重新分配。因为他们没有加入共产党,所以在传统上有权势的家族的荣誉丝毫不受影响(Schwandner-Sievers,1999:139)。

现在,家族的地位再次取决于家族保卫自己和干掉他人的能力。造成暴力相向的原因包括,家族对自己的地位与整合的评估,需要他人尊重的目标,以及实际的村民舆论。"人们……想要使政治暴力和杀戮合法化,也想主张自我调节和反对国家的暴力垄断"(Schwandner-Sievers,1999:134)。地位较高的家族再次保证了他人及其救济对象的安全。而受保护家族则接受较低的地位。

重新划定市民社会界限的策略:(ii)族群关系

塞利格曼(1992)和盖尔纳(1994)认为族群关系和亲属关系是破坏现代市民社会的两种无可救药的"原生的"、非理性的社会忠诚。第一章指出,这种观点源于对市民社会的特定看法,它把市民社会看作是"人类进步"某个特定时刻的结晶;是和市场经济相关的某种产物——如果国家允许自由贸易和私有财产,市民社会应该支持国家,但是如果国家反对这些特征,市民社会则会反对国家。第一章继续主张对市民社会做较广泛的定义,并且批评了这样一种假设:自 18 世纪以来与西方社会有关的社会行为具有独特的理性。

族群关系与亲属关系一样很灵活。弗雷德里克·巴尔特将博弈论运用到人类学中(Fredrik Barth, 1959),也改变了人类学家对族群身份的理解。巴尔特(1969)反对族群的原生特征。他指出,人们可以加入或离开族裔群体,而族群之间通常是相互依存的,而不是相互对立隔离的。巴尔特特别提倡以生成性方法研究族群关系,探寻参与者为什么认为族群认同在社会交往中有用,为什么族群边界继续存在。他认为,分享共同的文化是个人决定的结果,而不是原因。个案研究表明,行动者将某些文化特征用作身份和差异的标识,而其他潜在标识则被忽略,表明这里涉及重要决策。将他者识别为同一个族裔的成员则意味着"俩人基本上是在'玩同一游戏'"的假设(Barth, 1969: 15),而将他者视为另一个族群的陌生人,则假设他们分享较少的共同理解,存在不同的价值判断。巴尔特提倡将每个族群视为其他族群环境的一部分,从而导致分离、相互依存或竞争。人们为了得到资源,会在需要的时候加入并认同某个族群。①

如果族裔身份只是一种选择,却被倡导为最可靠的互助基础,那么什么赋予了族裔历史以当代意义(Turton, 1997: 11)?"被建构的、可操纵的历史必须充分真实地反映已知的过去,并及时应对当前的焦虑,才能令人信服"(Ferguson, 2003: 21)。在族群之间发生冲突时,对立双方的历史常常在不同的节点开始和结束,并

---

① 宋(Song, 2003)指出,族裔与身体差异相关联时,族群之间的流动将更加困难。

且历史往往始于他们的祖先成为不正当侵略的受害者之时。知识分子可以扮演重要的角色,他们重写历史、证明族群排他性和迫害较弱社群的正当性。埃里克·霍布斯鲍姆(Eric Hobsbawm)写道:"历史学家之对于民族主义者,相当于巴基斯坦罂粟种植者之对于海洛因依赖者"(Hobsbawm,1992:3,见 Turton,1997:14)。加拉格尔(Gallagher,1997:59)在谈到南斯拉夫时重申了这一点。在泰勒(Taylor)的论述中广泛涉及的一个主题,是知识分子和大众媒体在促进卢旺达种族灭绝中的作用(Taylor,1999,尤其是55—58)。就像英国的小报媒体发起的反对移民运动一样,大众媒体可以宣传一些话语,这些话语在潜在的灾难性变化时刻证明了颠覆性策略的合法性。当地的看法可能不切实际,但是无德无义的政治领导人可能会为了争取选民而作出不公正的争辩。印度民族主义者无视一些事实,如印度穆斯林普遍比印度教徒贫穷,较少多偶婚,拥有较少土地,寿命较短,失业率较高等,他们却声称穆斯林对显然有限的资源具有不公平的竞争优势(Rao and Reddy,2001)。换句话说,他们主张将族际关系视为零和博弈。南迪尼·拉奥和拉马诺哈尔·雷迪(Nandini Rao and C. Rammanohar Reddy,2001)研究了媒体在塑造印度民族主义话语中的作用。马库斯·班克斯(Marcus Banks,1999)分析了西方大众传媒如何向局外人提供过分简化的对波斯尼亚冲突的理解,让族群认同的主张合法化。

  以下几段文字着眼于印度尼西亚、印度北部和南斯拉夫的族群忠诚破坏社会秩序的作用,认为族群认同不是原生的,它被有谋划地用来策动资源竞争——人们把这些资源看作是固定不变的,也用来颠覆合作互惠的社会网络所广泛依赖的信任。下文的讨论目的不是要确定市民社会是否是"好事",只是要解释人们为什么以某些方式行事——为什么在某些情况下采用特定的社会策略;换句话说,行动者在当地社会和经济环境中,习惯于使用哪些熟悉的策略来为自己获取最大利益。

印度尼西亚

基伯·冯·本达-贝克曼(Keebet von Benda-Beckmann,2004)对印度尼西亚安汶岛(Ambon)最近的暴力行为的研究,说明了族群认同的情境相关性及其建构的历史偶然性。暴力事件始于1999年1月19日,当时一名安汶人(Ambonese)出租车司机与一个开三轮车的布吉人(Buginese)出租车司机发生了殴斗。尽管在多民族社区中经常发生这种殴斗,但通常是短暂的。然而,这次战斗导致了长时段的骚乱,并最终导致内战。基督教和穆斯林宗教领袖、地方领袖、有影响的知识分子、高级政治人物,甚至总统,都试图建立和平,达成和解,但徒劳无功。为什么社会到了可能发生灾难性的社会变革的临界点?

在16世纪末和17世纪初,荷兰人和葡萄牙人之间发生了殖民竞争,基督教和伊斯兰教都传入了该地区。支持荷兰人的群体接受了基督教,而支持莫卢卡人(Moluccan)领袖和葡萄牙人的群体则接受了伊斯兰教。在殖民时期,更深的断层被引入,荷兰人让作为迈向土著国家第一步的村际政治结构的发展停滞了下来。因此,风俗法(Adat)现在只能用于解决村庄内部的争端,而不能解决村庄之间的争端。在19世纪,不丹(Butonese)移民被鼓励在已有的村庄之间定居,以作为竞争双方之间的缓冲地带。荷兰人偏爱基督徒,建立了基督教国家行政制度。直到20世纪80年代发起运动要求任命穆斯林官员进入省政府之前,这个基督教国家行政体系造成了高等教育极不平等的格局。虽然对穆斯林的接纳在基督徒中增加了不安全感,但基督徒和穆斯林却团结起来共同反对不丹移民,捍卫只有土著族群有资格任职的原则。因此,印度尼西亚的当代族群性远非"原始"。殖民地和后殖民地政府的政策多次对其进行重构,凸显其当代性。

该地区试图在殖民时期后立即脱离印度尼西亚独立。作为回应,印度尼西亚政府将安汶变成重要的海军基地。印度尼西亚的统治者苏哈托(Suharto)让他的一个儿子垄断丁香的丰厚贸易,并拥有当地最大的丁香卷烟厂之一的所有权。因此,国家最大的问题之一是,民众与政府之间的默认社会契约失效了。

本达-贝克曼(Benda-Beckmann)认为,尽管出租车司机是基督教徒,而三轮车出租车司机是穆斯林,但起初宗教信仰只是微不足道的原因。这场争端是当地人和新来的移民之间的争端,它只是私营经济中的就业机会问题。直到那时,三轮出租车行业由不丹移民和望加锡(Macassarese)移民主导。受经济萧条的影响,当地的安汶人试图打破这种族群区隔,转而使用踏板动力出租车。族群认同高于基督教/穆斯林分界。然而不久后,据称心怀不忠的高级军官为了加强他们的地位,正在利用准民兵和激进青年群体发动骚乱。据报道,警察站在基督徒一边,军队站在穆斯林一边,而海军似乎仍然保持中立。就像1790年革命期间的巴黎一样,国家正在失去对武装力量的垄断性控制。

印度

在印度,暴力并非不可避免或是原生的。印度教徒和穆斯林长期以来一直和平共处,甚至有非常多的交往。拉奥和雷迪(Rao and Reddy,2001)解释了印度民族主义党毁坏阿约提亚(Ayodhya)清真寺的运动,这是对20世纪90年代初期执政的国大党弱点的机会主义利用,为本研究提供了出发点之一。国大党在衰败,但是没有一个竞争党足以取代它。国会政府注定要捍卫印度的世俗宪法,但若反对毁灭清真寺,就会显得在支持穆斯林少数派,反对印度教徒多数派。

莱辛格(Lessinger,2003)认为,宗教是在印度动员暴力的有效手段,因为宗教社群是非本地化的。穆斯林和基督教徒可以被视为印度教无处不在的敌人,而印度教则被视同印度民族主义。麦克亚当、塔罗和蒂利(McAdam, Tarrow and Tilly, 2001)引用贝丝·罗伊(Beth Roy)的人类学研究,同样认为宗教并不一定是在村级层面界定派系的有效方法。但是,当地纠纷越往上层发展,就可以将其重新定义为穆斯林和印度教徒之间的纠纷,而不是邻居之间的纠纷。种姓与地方有关,但由于种姓过于多样化,因此在国家一级作为政治争端的组织原则是无效的。宗教提供了一系列更简单、更普遍的对立。正如弗雷德里克·巴尔特(Fredrik Barth)所预言的那样,在任何争端中,随着它在当前冲突中的政治潜力的显现,特定的次一组的身份就会出现。因此,在印度极端分子摧毁阿约提亚清真寺的暴力事件期间,在海得拉巴(Hyderabad)发生的一起谋杀案被突显为印度教徒杀害穆斯林的事件,尽管后来被证实它实际上与两个当地帮派之间的土地纠纷有关。

南斯拉夫

1990年1月南斯拉夫采取多党制后,民族主义突显出来。塞族人回顾了战时乌斯塔莎(Ustashe)的暴行,指出了一个事实,即克罗地亚领导人图季曼(Tudjman)再次悬挂了在第二次世界大战中,法西斯乌斯塔莎悬挂的克罗地亚的棋盘旗帜。克罗地亚人则通过回顾另一些事实进行反击:战时塞族切特尼克人(Serb Chetniks)进行大屠杀,强迫克罗地亚人异地搬迁,屠杀被英军从奥地利边境遣返的成千上万的难民(Denich,1994:379;Tanner,1997:160)。正如丹尼奇(Denich)所写的那样,"在不断变换的地点发生的各种冲突,被象征性地加以操纵,使公众舆论沿重现的民族认同边界两极分化。"民族主义者抓住了"一系列随机事件,为那些在幕后另有图谋的人们创造了机会"(Denich,1994:369)。泰勒描述了在卢旺达发生的类似过程(Taylor,1999:86)。

但是,随着南斯拉夫的统一破裂,许多人发现,不仅要确保新的民族身份,而且要在南斯拉夫的边界内,增加本民族在有限领域内的土地份额。在波斯尼亚,把人们从已经居住数百年的土地上赶走,是一个特别的问题,那里近四分之三的农民是塞族人,但塞族人仅占人口总数的三分之一(Verderey,1999:102)。"如果重新界定国家,普通公民就需要重新定义他们和国家的利益关系,并且有理由担心在沿族群界线进行可预的权力分配时会被'冷落'"(Denich,2003:191)。在塞族入侵克罗地亚期间,为了破坏有关克罗地亚人长期居住的证据,他们烧毁天主教堂,销毁记录出生和死亡的登记簿,洗劫当地博物馆。丹尼奇引用了克罗地亚塞族人的话:

> 只要强调南斯拉夫的联邦结构,我们就不会对民族(塞尔维亚或克罗地亚)意识和民族机构提出任何疑问。我们认为南斯拉夫是我们的国家。但是现在,南斯拉夫的人数越来越

少,克罗地亚人、斯洛文尼亚人、塞族人、阿尔巴尼亚人等越来越多,我们意识到,我们在克罗地亚的塞族人需要恢复自己的民族身份(Denich, 1994: 377)。

其他作者描述了相同的经历。我已经引用了詹森(Jansen)的研究。爱德华·武里亚米(Edward Vulliamy)引用了一位波斯尼亚人对他说的话:

> 我从未想过自己是穆斯林。我不知道怎么祷告。我从未去过清真寺。我像你一样是欧洲人。我不希望阿拉伯世界为我们提供帮助;我希望欧洲为我们提供帮助。但是现在我不得不把自己看作一个穆斯林,不是以宗教的方式,而是一个民族的成员。现在我们面临灭顶之灾,我必须了解他们希望抹去的"我和我的人民之间的关系"到底是什么(Vulliamy, 1994: 65,引自 Gallagher, 1997: 63)。

结　论

当经济和社会"适应度景观"的变化破坏了先前占主导地位的社会组织的效力,并让其他竞争策略占上风时,现有的社会秩序就会崩溃。现有文化资源中的民间机构可以得到推动,取代国家;这些文化资源还可以用新颖的方式加以利用。适应度景观的转变,使以前占主导地位的规划和制度的适应性不如取代它们的另类规划,从某种意义上说,它们在促进个人生存方面不再是最有效的。

李峻石和布迪厄及吉登斯一样认为，为了理解为什么选择某些社会身份来鼓动冲突或促进结盟，博弈论必须与社会学分析相结合。博弈论是"无文化的"，但在实践中，"社会身份不能随意编造，因为它们必须对于他人而言是合理的"（Schlee，2004：137）。李峻石的目的也是要在博弈论的经济方法和社会学方法之间取得平衡，在博弈论中，人们单独考虑个人来计算参与冲突的成本和收益，而社会学方法则关注社会结构及其认知表征。正如埃里克·霍布斯鲍姆和特伦斯·兰杰（Eric Hobsbawm and Terrence Ranger，1983）所论证的那样，族群身份和国族身份并不是"发明"，而是基于当地材料的建构，它具有内部逻辑或连贯性。而新的建构则可能使用旧的材料。列维-斯特劳斯（Lévi-Strauss，1966）称这种对现有文化主题的知识结构进行重组的现象为"拼装"（bricolage）。"拼装"使新的社会结构变得熟悉、合理，且貌似自然。李峻石将这种方法应用于索马里冲突中，认为族裔和世系群并不是一成不变的，军阀也不是完全自由地重组社会。他们建立新的联盟时必须遵循文化模式。吉登斯（Giddens，1984：170）指出，社会结构既可赋能亦可限制。就索马里军阀而言，"氏族组织为他们提供了军事招募的工具和材料，同时，这也限制了他们想要选择谁的自由"（Schlee，2004：151）。

大卫·特顿遵循格莱齐尔和莫伊尼汉（David Turton, Glazier and Moynihan，1979）的观点认为，在国家拥有有限资源的情况下（零和博弈），为了使成员们获得可观的收益，最好的策略是以一个足够小的团体提出要求。族群比阶级更好地满足了这一需求。虽然族群身份可以迅速转换，但可以有选择地利用历史赋予它们真实性。族群关系和亲属关系都是文化建构，其重要性取决于政治用途。当前的状况不稳定时,人们容易相信有抱负的领导者的说法:当权者无法保护他们,所以他们最好还是回归以亲戚关系、庇护关系或教派为基础的本地网络(Ferguson,2003:29)。

由于族群关系和亲属关系都具有排外性,因此它们很可能引发暴力。族群主义或民族主义的极端分子使用的计策,是说服多族社群的成员,说他们将来可以不用彼此帮助(囚徒困境),转而对不可剥夺的权利(零和博弈)提出要求,为争取最大份额的有限资源而斗争。族际暴力通常是由一小群武装人员引发的,但是他们制造的恐惧,却鼓励了压倒原有交叉重叠关系的单一身份。行动者失去了对曾经所依赖的更广泛的社交网络的信任。进化格局已改变。市民社会产生了替代性的社会群体,随着社会沿不同轨迹分叉发展,这些群体可以竞争国家层面的统治地位,也可以退出竞争,过自给自足的生活。

20世纪末,国际经济干预加剧了社会秩序的崩溃,国际干预将国家收入转移到偿还西方债务上,或者减少了一个国家的主要出口产品的价值。土地私有化可能会破坏农村社区和世系群的传统市民社会,制造出"松散分子",而官僚政府的不可持续成本会导致庇护关系的回归。当现有社会秩序让步时,国家结构以及市民社会中互补性或竞争性社会组织的存在,决定了社会变革的进程。采用新策略可能会带来无法预料的后果。诸多控制资源的竞争策略之间可能互补,也可能相互冲突,而武装部队中的暴力推行者或失业的年轻人的存在,会削弱人们对现有秩序的信任,并迫使他们采取排他性策略。当人们不再依赖国家时,族群关系和亲属关系可能会赢得人们的信任和效忠。

西方国家与非洲社会秩序的崩溃有很深的牵连。我们拒绝承认西方扮演的这个角色,表明西方种族主义持续存在。罗伯特·卡普兰(Robert Kaplan,1994)将非洲的失序完全归咎于本土:基于非理性神力的万物有灵信仰,松散的家庭结构导致高出生率,艾滋病毒和其他疾病迅速传播,对可可的虚高价格的依赖,等等。卡普兰的"新野蛮主义"观点小心翼翼地转移了人们的注意力,不再关注殖民地时代的奴隶和象牙商人及其现代翻版——与当代秩序崩溃有牵涉的钻石走私犯、毒品贩卖者和军火商(Richards,1996:87)。世界经济体系的中心依靠周边的资源来维持其民主科层社会体系。当人们外移到边缘时,临界点就被突破:本地流通的资源不足以维持民主制或科层制,庇护关系取而代之。变化可能是突然的、灾难性的。变化可能是剧烈的,但是让创新策略发生效用的多变环境,并非由本地能动者独立塑造。

第四章
战争、生物学与文化

如第三章所示,在20世纪90年代,欧洲、非洲和亚洲发生了许多暴力冲突。社会似乎越来越容易遭受显然是盲目的毁灭行为的打击。一些学者得出的结论是,人类具有易受暴力侵害的遗传性,而文化不能提供足够的安全保障。罗伯特·卡普兰(Robert Kaplan)认为,在普遍贫困的地区,人们发现暴力可以得到自由释放。"只有当人们达到一定的经济、教育和文化水平时,这种特性才会平息"(Kaplan, 1994:73)。理查德·兰厄姆(Richard Wrangham)和戴尔·彼得森(Dale Peterson)认为,有证据表明"类似黑猩猩的暴力行为是人类战争的先驱,直通人类战争,致命的侵略习性延续了500万年,使现代人类成为头脑发懵的劫后幸存者"(1996:63)。因此,第四章将探讨有关人类战争进化意义的证据。作者指出,战争与和平对于人类社会进化是同等重要的。

小型社会中的战争

保罗·西利托(Paul Sillitoe)将战争定义为"两个团体之间的

相互敌对关系,他们都尝试通过武力努力以牺牲对方利益为代价来谋取自身的利益"(Sillitoe,1978:252;参见 Ember,1997:3)。人类之间发生战争的频率使一些人认为,战争是人类本能的产物,这种本能是由遗传决定的侵略性冲动。在 20 世纪 60 年代,罗伯特·阿德里(Robert Ardrey,1967)和康拉德·洛伦茨[Konrad Lorenz,1966(1963)]等学者普及了这样一种观念,即战争与领土防御的"本能"有关,因此是人类天性的一部分。雷蒙德·达特(Raymond Dart)所谓南方古猿食人俗的证据(Dart,1925,1959),似乎证实了我们的祖先早就在杀死自己的同类。人类领地性和其他物种的领地性之间有相似之处。然而,自那以后,人们已经证明了南方古猿是食肉动物的受害者,而不是同类相残的受害者(Brain,1981)。对动物领地行为的研究表明,领地性比洛伦茨及其他学者想象的要灵活得多。即使在鸟类中,也发现攻击行为和领地性取决于特定环境中资源保护的具体成本和收益。例如,戴维斯(Davies)研究了英格兰南部泰晤士河谷的杂色鹡鸰的觅食方式,发现有些鹡鸰在河边守卫领土,而另一些鹡鸰则在附近的大水塘中成群地相安无事地觅食(Davies,1981)。

无论如何,较为晚近的关于黑猩猩的群际暴力和领地防御的观察,让我们再次设想,战争可能是我们和黑猩猩从共同祖先那里遗传来的特性。根据珍·古道尔(Jane Goodall,1986)和西田康成、长谷川真理子和高畑由起夫(Toshisada Nishida, Mariko Haraiwa-Hasegawa and Yukio Takahata,1985)的个案报道,黑猩猩通过攻击邻群扩大领地,他们认为雄性黑猩猩的侵犯性与人类战争有直接联系。由第二个观察得出这样一个结论:战争演变成为获得更多妻子的手段。在许多灵长类动物中,雄性通常在青春期就离开生身的群体,并且在繁殖之前必须加入另一个群体。在黑猩猩和许多小规模的人类社会中,恰恰相反,女性离开自己的生身群体,加入丈夫的群体。社会人类学家长期以来一直认为,社会群体之间的婚姻伙伴交换是人类建立同盟的最基本方法之一(Tylor,1903;Lévi-Strauss,1969)。雌性在黑猩猩群之间流动,这一发现潜在地揭示了人类社会族际联盟的起源(Rodseth et al.,1991),并提供证据证明,攻击他群是为获得雌猩猩,而不是为了争夺领土。例如,拿破仑·夏侬(Napoleon Chagnon)声称,亚诺玛米人(Yanomami)为获得妇女而战,也为报复由巫术造成的死亡而战(Chagnon,1997:97)。

正如兰厄姆和彼得森所声称的那样,黑猩猩和人类会杀死自己的同类,这在动物中即便不是独特的,也是不寻常的。"我们已经看到,黑猩猩和人类杀死邻群的同类成员是正常动物法则的一个惊人例外"(Wrangham and Peterson,1996:63)。在坦桑尼亚的贡贝(Gombe)(Goodall,1986)和玛哈拉山脉(Mahale mountains),有些报道声称,两个黑猩猩群之间有所谓的"战争",而这些报道则激发了关于人类和黑猩猩的群际侵犯性有共同起源的说法(Nishida,Haraiwa-Hasegawa and Takahata,1985;Nishida,1979)。雄性似乎在领地边界巡逻,在贡贝观察到五起导致死亡的袭击,最终导致雌性所在的领地被吞并。

关于这种模式有多大典型性,以及研究团队向贡贝黑猩猩提供香蕉的做法会在多大程度上影响这种模式,仍然存在一些疑问。香蕉供应量急剧减少后,贡贝的黑猩猩群分裂为两个群体,并在它们以前显然共享的范围内两极分化。在两年的时间里,较大群体的雄猩猩至少杀死了较小群体的一些雄猩猩(Goodall,1986;

503—514)。农民的侵入也可能将其他地区的黑猩猩带入该地区,增加了食物资源的压力(Ghiglieri,1984:8)。可以理解,先是有大量食物供应,从而带来种群数量增加,然后是食物供应突然减少,这些都影响了贡贝群际暴力的强度和/或频率。坦桑尼亚的玛哈拉山坐落在喀湖东边,它至少包含八个黑猩猩群,每个黑猩猩群由多达100个个体组成(Nishida, Takasaki and Takahata, 1990:66,表3.2)。虽然领地通常是排他性的,但"M"和"N"组一度显示出领地范围的重叠(Nishida, Takasaki and Takahata, 1990:71,图3.4)。随后,"M"组获得了之前共享区域的访问特权。有间接证据表明可以进行突袭,但没有直接证据表明一群雄性黑猩猩为了获得雌性黑猩猩系统性地消灭另一群雄性。所以,正如约瑟夫·曼森和理查德·兰厄姆(Joseph Manson and Richard Wrangham,1991)承认的那样,只存在两起因致命袭击造成群体灭绝的个案(一例确认,一例可能)(Manson and Wrangham,1991:371)[1]。

---

[1] 迈克尔·威尔逊、威廉·瓦劳尔和安妮·普西(Michael Wilson, William Wallauer and Anne Pusey, 2004)报告了在贡贝发现的三起群际袭击事件,一个青春期雄猩猩显然被其他黑猩猩杀死。所有这些袭击都是由雄性同伙实施的,这些雄性同伙似乎蓄意在其平常的核心领地范围之外寻找邻近社区的个体。1993年和1998年,分别观察到的两次袭击导致婴儿猩猩死亡,而第三次袭击使年轻的雄性黑猩猩受重伤。为了防止黑猩猩因人类的存在而变得胆大,在2000年和2001年暂停观察,但是在2002年发现了这只死去的雄性。尽管样本很小,但威尔逊、瓦劳尔和普西得出的结论是,受害者的年龄和性别支持这样的假说,即,这种侵犯相邻领地的好处是减少敌人的雄性黑猩猩数量,或减少相邻领土重叠地区的食物竞争。他们倾向于拒绝另一种假设,即,婴儿黑猩猩被杀是为了诱使母亲叛逃到袭击者的群体中。他们的方法与奥雷利、科茨和冯·斯海克(Aureli, Cords and Van Schaik,2002)一致:"当评估预期成本和收益表明攻击将为攻击者带来纯收益时,这种暴力与其他形式的侵犯一样,是一种策略选择"(Wilson, Wallauer and Pusey, 2004:524)。

夏依(Chagnon)关于亚诺玛米人(Yanomamo)的著作对倡导这种人类暴力的研究方法起到重要作用。夏依的亚诺玛米民族志为兰厄姆和彼得森提供了证据,再次证明了他们所声称的人类与黑猩猩的"战争"之间存在直接联系。夏依的研究最初以《凶猛之族》(*The Fierce People*)(Chagnon,1968)为标题,现在(第五版)仍然是带有武装武士的封面插图,生动地描绘了在巴西和委内瑞拉交界的社会中普遍发生的战争。夏依还声称战争与自然选择之间存在内在联系。1988年,他发表的数据表明,杀害其他男性的亚诺玛米男性尤诺凯(unokai)的繁衍比非杀手更成功。根据兰厄姆和彼得森的说法,尤诺凯拥有的妻子平均数是其他男性的2.5倍,而孩子平均数则达到其他男性的3倍以上。这使兰厄姆和彼得森得出结论:"似乎在亚诺玛米中发生过致命袭击,袭击者获得了遗传上的成功"(Wrangham and Peterson,1996:68)。兰厄姆和彼得森还提出了修辞性的反问:"体现在人猿共祖身上的古老森林大脑的本质,是否仍然深深嵌入精心设计、复杂细致……构成我们人性的大脑材料的宏伟巨制之中?"(Wrangham and Peterson,1996:62)

克里斯托弗·博希姆(Christopher Boehm)同样从黑猩猩的特性描述入手,但在更为普遍的意义上与"好战、无文字的血亲复仇社会"进行比较(Boehm,1992:140)。他所指的社会包括一些狩猎采集者、游牧的努尔人(Nuer)和非洲的提夫(Tiv)农民,以及新几内亚的园艺种植者和欧洲的黑山部落(Boehm,1992:154,162)。他认为,这些社会特性和黑猩猩群体一样,按照父系补充成员,实行从父居。也就是说,人们既属于他们父亲的群体,也和他们一起生活。博希姆承认,并非所有人类狩猎采集社会都会捍卫其领地的边界,他的讨论大多根据最适合其模型的狩猎、游牧和园艺的社会。

暴力与和平缔造

我认为,暴力与和平都是广泛的社会丛结的一部分。不能讨论一个而脱离另一个。20世纪70年代初,乔纳森·米勒(Jonathan Miller)在伦敦大学学院的人类学系作了一次专题演讲,内容是关于第一次世界大战后,亨利·黑德爵士(Sir Henry Head)和里弗斯(W. H. Rivers)在神经再生方面的实验。黑德和里弗斯得出的结论是,最基本的原始神经反应先得到恢复,随后被开化的、经过调适的反应所覆盖。米勒将其与以下概念进行了比较:现代汽车拥有一种原始的福特 T 模型加速器,而尖端的现代刹车系统几乎无法对其进行控制。正如米勒指出,即使是福特 T 型车也需要油门和刹车的集成系统才能发挥有效作用。根据兰厄姆和彼得森(1996:64)来自黑猩猩的证据表明,战争不是政策工具或社会状况的产物。"交战的欲望,战争派对的亢奋聚集,鬼鬼祟祟的突袭,发现敌人以及对成败的迅速估算,团伙杀戮及逃亡等,都是人类和黑猩猩的群际暴力得以发生的共同要素"(Wrangham and Peterson, 1996:71,我强调的重点)。这就是"原始加速器"立场。

最近的一篇综述文章(Aureli, Cords and Van Schaik, 2002)强调,暴力对所有社会动物而言代价高昂。设法制止暴力对所有社会物种都有利:

> 对于群居动物而言,利益冲突虽然是不可避免的,但它可能会损害群体生活或邻里的利益,当冲突升级为侵犯时尤其

如此。如果这导致失败者离开群体,他们将丧失群体生活的利益,或面临转移到另一个群体的相关风险。失败者的离开也可能让获胜者在群体生活中的获益减少;即使失败者没有离开,侵犯也可能危及未来的合作。相似的成本也可能发生在与邻居有稳定关系的领地物种中(Aureli, Cords and Van Schaik, 2002:325,我的强调)。

菲利波·奥雷利(Filipo Aureli)与他的合作者得出结论:"在稳定的社会组织中生活的动物,会极力选择那些能够减少冲突、防止侵略升级并利于解决争端的行为机制"。他们引用的有利于这个假设的例子是:雄性黑猩猩在冲突之后,比雌性黑猩猩更频繁地进行和解(Aureli, Cords and Van Schaik, 2002:334)。换句话说,侵犯行为可能会让个人失去从社会关系中获利的机会。

反对将奥雷利、科茨和冯·斯海克的发现扩展到人类社会的意见可能是,他们主要关注同一个本地群体内成员之间的关系。他们的确指出,"与邻里有稳定关系的同属地物种也可能付出同样的成本"(见上文)。在我与同事罗伯特·巴顿(Robert Barton)的论文中(Layton and Barton, 2001),我们认为,人类与黑猩猩的领地性比较表明,狩猎—采集者已经发展出灵活的属地行为模式,这些行为通常避开了显然会导致黑猩猩之间群体暴力的可能性。黑猩猩生活的社会群体,与人类狩猎采集群体的规模相当(20—100个个体),但黑猩猩群体是自治的,而低纬度地区的狩猎采集者,则可以在通过各种交换形式维持的较大区域共同体的各个地带之间自由移动。区域共同体通常包括 10 至 15 个群体,通常共有 500 人,但有时人数多达 1 500。拉尔斯·罗德斯(Lars Rodseth et al.，1991)和克莱夫·甘布尔(Clive Gamble，1998)等人称这种现象为"邻近解脱"，即社会网络的兴起，它依赖于人类独特的遗传技能，而且扩展并改变人类生身的社会环境(参见 Geertz，1973c)。

什么样的生态压力可能有利于人类之间发展更广泛的社会网络？埃里克·奥尔登·史密斯(Eric Alden Smith，1988)解释了狩猎采集者能够加入不同队群的好处，或可以暂时在另一队群的领地上觅食的好处。史密斯指出，在许多狩猎采集者居住的环境中，某个地区的队群将无法确定哪个地区在什么时间有最丰富的资源，他们也清楚在不同时期不同地区会出现资源匮乏。在现代人类已经进化的半干旱热带环境中，这种情况特别常见。如果某个队群的领地比相邻地盘的降雨更好，那么该队群将受益于允许其他队群共享福运，前提是受助队群要回报前东道主——如果前受助队群遇上难以预测却不期而至的雨水，就要允许前东道主前来共同宿营。在这种情况下，互访属地是一种适应性策略。狩猎采集者队群之间的探访和礼物交换特质可维持社会关系区域网络，而这个网络则正是他们的相互访问权所依赖的网络。甚至夏侬(1988：987)也报告说，亚诺玛米世系群经常在村庄之间移动，这在一定程度上抑制了包含新盟友的村庄之间的袭击。

莱顿和巴顿(Layton and Barton，2001)得出结论，在资源稀少、条块不均、不可预测的环境中，可渗透的领地边界最具有适应性(参见 Davies and Houston，1984；Dyson-Hudson and Smith，1978)。由于大多数黑猩猩生活在森林中，而现代人类可能是在热带草原环境中进化而来的，因此我们假设，在人类与黑猩猩的进化路线分离之后，允许群际流动、维持人类社会关系的遗传能力已经形成。我们认为，伯姆（Boehm，1992）引用的许多人类社会的父系基础的例子是观念上的，而不是现实中的。换句话说，男人可能互呼"兄弟"，但实际上，在人类本地群体的核心联盟的实际构成（与黑猩猩不同），极少或者例外地是来自同一生物祖先的男性群体（请参阅第二章）。在人类和任何非人类的灵长类动物之间进行比较的起点，必须是这两种物种的行为，而不是将一个物种的观念与另一个物种的行为进行比较。因此，黑猩猩的领地行为不能等同于人类祖先的行为模式。

由于群体间的暴力行为将威胁到区域社会网络，因此，它最可能发生在社会网络几乎无用的地方。相互共享最不适于资源密集且分布不均，但可以按季节预测其分布的环境（与 E. A. 史密斯所描述的情况相反）。记录最完整的例外情况是，在北美洲西北海岸发现相邻带地区的觅食权，那里的资源密集分布，并且在资源富足的季节里是可预测的。狩猎采集者氏族占据了西北沿海地区，并保卫其边界。侵入者会被杀（Boas，1966：35）；在战争期间，土地可能被侵入，会抓奴隶（Garfield and Wingert，1966：14，29）。这不是原始模式。赫伯特·马施纳（Herbert Maschner，1997）将西北海岸战争的起源追溯到公元 200 年至公元 500 年之间，那时冰河期后海平面已经稳定，现代植被格局已经确立。

在许多小规模的人类社会中，群体间的冲突比西北海岸受到的限制更大。人类学家施滕纳（W. E. H. Stanner）于 1932 年目睹了两个澳大利亚原住民团体之间的"大规模战斗"。这些人被安排在两个阵营中，一个阵营涂白，另一个阵营涂黄。他们站成两条不规则的线，相距六十余步。妇女冲锋陷阵，给男人提供更多武器。尽管双方都有"愤怒、挑战和嘲笑"，但双方也都有所控制。仅使用轻型决斗矛。"我看到了看似属于较弱方的一个强壮原住民,突然从战斗中跑出来,从支持者们的手里抢夺沉重的铁刃长矛,但他们不肯松手,并设法让他安静下来"(Stanner,1960:65)。临近日落时,战斗停止了,"一些敌手开始变得友善,没有人受到致命的伤害,虽然许多人有疼痛的皮肉伤"(Stanner,1960:66)。几周后,施滕纳参加了一个开幕仪式。争执双方都在场。即使他们处于"激烈敌对的状态……为了必要的部落事务,这种仇恨情绪按照原住民的方式得到抑制"(Stanner,1960:67)。施滕纳的生动叙述给人留下印象,是奥雷利、科茨和冯·斯海克的论点所预言的暴力与和平之间的微妙平衡[关于委内瑞拉尤帕族(Yukpa)之间有规则的冲突的类似描述,请参见 Halbmayer,2001:63]。因此,我同意兰德尔·麦奎尔(Randall McGuire)对美国西南部普韦布洛(Pueblos)内战的评论:"人们天生既不爱好和平也不好战。有些情况会导致战争,而其他情况则不会"(McGuire,2002:141)。

亚诺玛米人的战争在多大程度上是原型?

战争的灵活性和情境适应性的证据使亚诺玛米的典型性受到怀疑。在帕特里克·蒂尔尼(Patrick Tierney)的著作《埃尔多拉多的黑暗》(*Darkness in El Dorado*)(Tierney,2000)出版之后,夏依对亚诺玛米的描述受到了严格的审查。这本书重新讨论了简单的人类社会中战争的"自然性",并强调了社会生物学与文化人类学之间的严肃辩论。曾在美国南部雨林中工作过的记者蒂尔尼(Tierney)采访了人类学家、传教士以及其他熟悉夏依关于亚诺玛米研究的人。他指出,夏依的导师尼尔相信存在"领导力"或"先天能力"的基因(Neel, 1980)。詹姆斯·尼尔(James Neel)曾指出,在小型社会中,这些基因的男性携带者将获得更多女性,从而比不具有"先天能力"的男性更频繁地繁衍自己的基因。蒂尔尼声称,夏侬的工作旨在将亚诺玛米人描绘成尼尔所设想的一种原始人类社会,展示霍布斯主义的原始状态(参见 Chagnon, 1988: 990)。蒂尔尼声称,为了适应社会生物学的预测,夏侬已"重新利用"了他的数据,并故意煽动亚诺玛米人之间的冲突。例如,在蒂莫西·阿施(Timothy Asch)的电影《盛宴》(*The Feast*)和《斧头之战》(*The Ax Fight*)中,(他指称)虚拟村庄被作为场景(但参见 Biella, 2000)。委内瑞拉政客和金矿商不仅利用夏侬的作品论证屠杀亚诺玛米人以及征用其土地的合法性,而且夏侬本人还与腐败的政客联手,控制亚诺玛米土地,以进行非法金矿开采,并继续人类学参与观察。

关于蒂尔尼的《埃尔多拉多的黑暗》一书的新闻,在出版发行之前是通过特里·特纳(Terry Turner)和莱斯利·施蓬泽尔(Leslie Sponsel)的电子邮件在 2000 年 8 月下旬发给美国人类学学会主席路易丝·兰菲尔(Louise Lamphere)的。在这里,我不试图对亚诺玛米辩论进行全面回顾,而是将重点放在与本章直接相关的问题上。

社会生物学和文化人类学

特纳和施蓬泽尔在电子邮件上的激辩,反映了当前美国社会生物学家和文化人类学家之间的争论。对文化人类学提出最直率批评的学者中,包括进化心理学家莱达·科斯米德斯和约翰·图比(Leda Cosmides, John Tooby and Barkow, 1992)。他们认为,我们这个物种长期以狩猎采集为生,通过自然选择,让自己的心智拥有遗传的复杂技能(见第三章)。根据科斯米德斯和图比的说法,人类行为的变化可以解释为局部适应的突生,这种局部适应以心智内在技能为基础,而不是像社会人类学家所认为的那样,是文化的变异(请参阅第二章)。图比立刻出来为夏依辩护(http://slate.msn.com/HeyWait/00-10-24/HeyWait.asp),指出蒂尔尼引用中的许多错误之处(另请参见 Ruby, 2000)。图比进一步指出,特纳和施蓬泽尔是夏依的长期对手(请参见图比的网站 http://www.psych.ucsb.edu/research/cep/eldorado/witchcraft.html)。

进化心理学家和文化人类学家之间的争论,部分涉及他们所偏好的分析层面。科斯米德斯和图比的主要目标是法国社会学家涂尔干和美国人类学家格尔茨。格尔茨对文化的特定"意义网络"感兴趣。他的研究方法致力于解决阐释的问题,即,试图理解外来文化的价值观、修辞说法和假设(例如 Geertz, 1973a, 1973b)。例如,如果人们想了解新几内亚高地在战争和盛宴中所戴头饰的文化意义,就需要进入具有特定文化意义的世界,而不是研究冲突的普遍特征。

然而,涂尔干[Durkheim, 1938 (1901)]发现了一个更基本的问题,那就是互动突生属性(再次参见第二章)。正如迈克尔·费希尔(Michael Fischer)所说:

> 似乎使文化人类学家对社会生物学家感到愤怒的是,他们坚持从相当有趣的动物交配统计数据,从照料后代的投入模式,以及由这些模式做出的各种预测模型中,推断越南战争或最高法院的判决(Fischer, 2001: 13)。

第二章指出，进化论理论家争论，进化的主要动力是基因（Dawkins，1976），还是对种群的遗传变异施加选择性压力的生态系统。斯图尔特·考夫曼（Stuart Kauffman，1993）和西蒙·康韦·莫里斯（Simon Conway Morris，1998）认为，在互动中突生的特性改变了生物所适应的环境。至少，图比和科斯米德斯引用的一些认知技能（语言，合作），仅在以社交互动的突生特性为特色的社会环境中具有适应性。我相信，在这里，社会人类学家可以正当地批评遗传因果关系的狭义理论，这些理论忽视了施加选择性压力的环境也是被构建的。暴力适应的程度也将至少部分取决于社会建构的环境。所谓的亚诺玛米战争的适应性意义，必须在亚诺玛米所居住的特定自然和社会环境的语境下进行评估。

即使某些人有遗传的暴力倾向，也未必会引发有组织的社会冲突。涂尔干要解决的另一个问题是，个体的内在属性放大是否可以用来解释社会趋势。涂尔干［1952（1897）］抨击了将19世纪末法国的自杀率解释为个体自杀后的"模仿"浪潮。他认为，自杀率的上升或下降源于社会状况。从孤立带来的绝望，到在激烈的战斗中为祖国献出生命，涂尔干假设各种人格类型容易受到不同自杀类型的影响。涂尔干认为，在社会解体时期，第一种类型较易受影响，但是在强烈的爱国主义时期第二种类型最易受影响。英国心理分析学会为了回应2001年9月11日的恐怖袭击，最近出版的一本书围绕类似问题进行了辩论。为了解释对世界贸易中心的袭击，是否一定要研究恐怖分子的心理？或者在随机范围内假设一些人格类型，研究促使某些人采取行动的社会条件——这样够吗？在这场辩论的贡献者中，雷诺斯·帕帕佐普洛斯（Renos Papadopoulos）认为，心理分析师"似乎未抓住诸如环境压力、社会政治现实和历史遗留之类的明显外部因素"(Papadopoulos，2002：269)。斯图尔特·特韦姆洛(Stuart Twemlo)和弗兰克·萨科(Frank Sacco)走得更远,承认恐怖主义可能是对"不可接受的全社会反常状态"(Twemlo and Sacco，2002：101)的反制。

朱尔格·赫尔布林(Jürg Helbling)提出,亚诺玛米人社会行为的具体发生情境鼓励了暴力。他认为,他们陷入因徒困境中,阻碍了互惠利他主义的发展。每个世系群都必须给人这样一个印象:他们是"硬汉",不是轻信他人的傻瓜。此外,如果他们的交易伙伴背叛了他们,那么战争失败的后果将如此有毁灭性,以至于在下一轮交换中都没有机会去惩罚背叛者,因为许多"傻瓜"将会死去(Helbling，1999：108—109)。这样就创造了一个有利于侵犯性个体的社会环境。只有双方都能长期受益,联盟才会持续下去,但是在这样的社会情况下难以指望出现这个结果(Helbling，1999：111)。

兰厄姆(Wrangham)和彼得森(Peterson)宣称,"没有任何其他人类社会能比亚诺玛米提供更好的比较机会了……因为亚诺玛米人远离现代政治的影响"(Wrangham and Peterson，1996：64)。蒂尔尼最能够成立的批评之一是,夏侬当时研究的亚诺玛米人并不能代表原始人类状况。自从18世纪以来,他们已成为奴隶掠夺者的受害者、定居者的敌人、传教活动的对象,因此与外界的接触使他们不可能不受外界"污染"。费希尔(Fischer，2001)同意,关于亚诺玛米的研究,最令人不安的方面之一就是,他们与奴隶、橡胶贩卖者以及其他人接触的漫长历史是被忽略的。

美国人类学协会特别工作组专心研究了蒂尔尼的声明,指出夏侬1988年在《科学》杂志上发表的论文(据报道,亚诺玛米人中有44%的人声称杀过人)恰逢亚诺玛米为争取土地权而奋斗的那一时期,据称,当时巴西总统为了控制他们,授权将亚诺玛米土地划为保护区。巴西人类学家曼纽拉·卡内罗·达·库尼亚(Manuela Carneiro da Cunha)在 1989 年指出,夏侬的论文已在巴西和美国的大众媒体上广泛报道。他的论点很可能对亚诺玛米人造成伤害,使针对他们的暴力合法化。尽管夏侬在后来的民族志版本中缓和了自己的语言,但是他还是没有采取足够的措施来消除给亚诺玛米人造成的这些负面印象(American Anthropological Association,2002:1.32—34)。

夏侬的数据资料

鉴于这个争议的重要性,需要重新审视夏侬的原始数据资料。夏侬(1988:985)并没有宣称存在领导的遗传基因,但他确实宣称,在亚诺玛米人中成为杀手可以提高一个人繁衍下一代的概率。夏侬(1988:表 2)表明,那些声称拥有尤诺凯(杀手)(unokai)地位的人无疑比非尤诺凯的人有更多孩子。尤诺凯平均有 4.91 个孩子,非尤诺凯平均有 1.59 个孩子。因此,与所有成年年龄组相比,尤诺凯的表现优于非尤诺凯的比率为 3∶1(Wrangham 和 Peterson 的说法,1996:68),(此处有一个误导性的暗示:这是总样本中尤诺凯和妻子—子女平均数量之间的差别)。蒂尔尼(Tierney,2000:159)反对说,在夏侬样本中包含了未婚男子。实际上,夏侬(1988:表 2)并未区分未婚男子和已婚男子,但他确实将数字按年龄组区分。夏侬表格中提供的数字显示,年龄在 20 岁至 24 岁之间的男性中有 94%是非尤诺凯,但在 41 岁及以上年龄的男性中只有 38%非尤诺凯。要达到尤诺凯的状态,许多非尤诺凯要么早逝,要么随着年龄的增长成为尤诺凯。夏侬的 20 岁至

24 岁男性样本中,总数 83 例中有 5 例尤诺凯,而他的 40 岁以上男性样本中总数 121 例中有 75 例尤诺凯。这表明许多在 20 岁到 24 岁之间的非尤诺凯男性可以期望在以后的生活中获得这种地位。夏依怀疑成为尤诺凯是否会使一个人更容易遭受暴力死亡,答案是,并非如此。"最近发生的 15 起谋杀案……其中有 9 名男性的年龄不到 30 岁,他们的死亡年龄以及他们被杀害时各自村庄的政治历史表明,尤诺凯很少(如果有的话)"(1988:990)。由于 30 岁以下的男性中只有 14% 是尤诺凯,这就不足为奇了。

亚诺玛米男子的结婚年龄为 20 岁(Chagnon,1997:154)。夏依于 1988 年的表 2 提供了 20 岁以上男性家庭规模的数据。大多数刚开始生孩子的年轻人都是非尤诺凯。他们的家庭规模将不可避免地比老年男人的家庭规模小。因此,夏依把不完整家庭和完整家庭的数据放到一起处理,高估了成为尤诺凯的优势。衡量成为"尤诺凯"的优势的最准确方法是,比较在 40 岁以上的人中,尤诺凯和非尤诺凯的生殖成功率,因为他们的家庭规模很可能已经定型。超过 40 岁的尤诺凯,平均有 6.99 个孩子;超过 40 岁的非尤诺凯,平均有 4.19 个孩子。换句话说,在尤诺凯有 1.67 个孩子时,每个非尤诺凯家庭有 1 个孩子。尤诺凯有优势,但尚未达到夏依预测达到的 3:1 总体的比例。此外,这个优势还不足以把非尤诺凯从人群中排除掉。40 岁以上的男性中有 38% 是非尤诺凯。如果要对遗传因果关系进行狭义的推定,这将暗示某种形式的多态性(也就是说,作为非尤诺凯也会有选择优势)。人们不必假设狭义的遗传因果关系就能看出杀戮还不是事情的全部。

在亚诺玛米部落地区,成年男性中约有 30% 的死亡是暴力造成的(Chagnon,1988:986),但在 25 岁及以上的活着的男性中,有 44％声称杀过人(Chagnon，1988：987)。这意味着要么他们所声称的杀戮中有一部分(32％)是伪造的，要么至少是同一起杀戮有一个以上的杀手。"许多受害者只遭到一到两个袭击者的枪击，但是一名受害者却被 15 个袭击团伙的成员开枪射击"(Chagnon，1988：987)。夏依(见 1988：图 1)记录了现存非尤诺凯所造成的受害者人数。他指出，有 60％(137 人中的 83 人)声称只参与了一次杀戮，而在另一个极端，一个人声称参与了 16 次不同的杀戮。一小部分人作为多重杀手而脱颖而出(每人杀害 14 人，另外两人杀害 12 人)。75％被报道的杀戮(足以说明所报道的死亡人数)是由 55 名尤诺凯造成的，他们声称杀死了两个或更多的人。这 55 人仅占成年男性人口的 16％。对于大多数男人来说，其目标可能仅仅是为了以凶猛扬名[参见委内瑞拉西北部的尤帕(Yukpa)地区的研究，Halbmayer，2001：62]。蒂尔尼指出，亚诺玛米人中实际上很少有妇女被绑架。甚至夏依的 17％的低数值也高于其他地方所记录的数值，而且其中一些可能是自愿的私奔(Tierney，2000：159—164)。奇怪的是，尽管亚诺玛米人中有 30％的男人在战斗中丧生，但夏依仍然声称缺少适宜结婚的妇女(Chagnon，1997：157)[1]。

战争与领土

据报道，亚诺玛米人说村庄之间的战争不会发生在资源问题上(Wrangham and Peterson，1996：66)。尽管夏依否认亚诺玛米

---

[1] 超过 30％的亚诺玛米女童是杀婴的受害者吗？夏依说，为了保护亚诺玛米免受起诉，自 1985 年以来他就没有发表过关于杀婴的报道，但他从未见过杀婴事件(1997：94)。

人的战争是为了夺取领土，但他写道："亚诺玛米人在与其他民族的领土接壤的地方，一直在与他人作战，逐出其他群体……并且几乎消灭了玛库印第安人（Makú Indians）"（Chagnon, 1967：129）。显然，亚诺玛米人的战争具有领土维度（参见 Helbling, 1999：106），而且它并不仅仅出于索取配偶的动机。通常，与其他灵长类动物相比，人类狩猎采集者的人口密度非常低。只有高密度居住的种群才倾向于防御边界，容易发动造成死亡的跨界袭击。如前文所提及，有详细记录的北美西北海岸的群际战争（Rosman and Rubel, 1971）是个例外，不同于狩猎采集者那种普遍的弹性领地模式。最近出来一个关于它曾经存在于北澳大利亚西部的阿纳姆地带（Arnhem Land）（Taçon and Chippindale, 1994）的上好个案：恰逢上次冰川期之后海平面上升后低洼土地遭遇洪水之时。在这两种情况下，最近的狩猎采集者的人口密度都异常高（西北海岸：0.4 至 0.67 人/平方公里，阿纳姆沿海地区：0.3—0.5 人/平方公里）。据报道，亚诺玛米中心地带密度为 0.34 人/平方公里（Lizot, 1977：122），处于该范围内。

战争与婚媾

为什么亚诺玛米人中的成年男子会分为"杀手"和"非杀手"两类？在第二章中提到了"群体选择"的谬论。如果社会行为是由遗传决定的，那么为了造福他人放弃自己的繁衍利益的人，就不会把他们的利他基因传递给下一代。利他主义将被自私所取代。当利他行为由基因决定时，只有让基因承载者的繁衍更加成功，它才能持续存在。亚诺玛米的情况是否如此？关于利他主义进化的两种理论在第二章中进行了概述。有人认为，如果利他行为的有幸受惠者与做出牺牲的利他主义者携带相同的基因，那么利他主义将受到自然选择的青睐。这称为亲属选择。另一种理论是，如果给予者和接受者之间保持着持续的社会关系，利他主义者将在以后得到对方的帮助。这被称为互惠利他主义。在阿克塞尔罗德的模型中代表了合作的发展，并以在不确定环境中狩猎采集者团体之间相互进入领土的权利为例。"搭便车者"是那些接受资源却拒绝互惠的人（请参阅第二章），而非互惠的受害者则是"傻瓜"。

尽管赫尔布林（Helbling，1999）指出，将博弈论应用到亚诺玛米人的行为中风险很大，然而，夏依（1982）在对亚诺玛米人行为的分析中明确指出，他打算探索亲属选择模型的解释力。但是他的数据表明，互惠利他主义也可能在构造社会认可的亲属的行为中起作用。但是互惠利他主义的形式减少了亚诺玛米人之间的配偶竞争。一对不同群体的男人同意交换他们的姐妹，以便每个人都可以有一个妻子（Chagnon，1979），这种联姻关系可以通过进一步的婚姻交换得以延续。亚诺玛米人的婚姻策略是基于对堂亲婚姻和交表婚姻的区分。堂亲（父亲兄弟姐妹的孩子）同属于一个世系群。交表（父亲的妹妹的孩子和母亲的兄弟的孩子）属于与父亲已出嫁的姐妹的世系群（参见本书图 2.1）。如果要扩大同盟关系，堂兄弟姊妹是理想的婚姻伴侣。堂兄弟姊妹分为"姐妹"或"兄弟"，交表分为"妻子"或"姐/妹夫"。后一个术语扩展到联姻世系群的其他成员。亚诺玛米婚姻中有 40% 是在文化上被归类为交表婚，但实际上他们并不是表亲。夏侬认识到，根据文化（而不是遗传）区分堂亲和交表，是婚姻交换的关键（Chagnon，1982：图 14.12，图 14.13；Chagnon，1979）。因此，使用亲属称呼法，即男人称其自己世系群的女人为"姐妹"，而称同盟世系群的女人为

"妻子",可被视为承诺在两个群体之间继续进行互惠、利他交换的信号。在黑猩猩群体中绝对没有发现这种社会组织,它是基于人类构造群体间关系的独特能力而建立的。

夏依声称,男女婚媾的年龄差异造成男女的代际间隔不同,并且如果要使婚姻实践规则有效,经常需要打破规则(1997:154)。这是亲属关系系统分类中的一个普遍问题(参见 Keen,1982 中的澳大利亚示例)。正如夏依(Chagnon,1997:147)所言,规则更有可能受到另类解释的挑战,而不是被破坏。当特定分类不再满足政治利益时,亚诺玛米世系群的首领会主动发出世系群裂变的信号。为此,他将遥远的"姐妹"(遥远的堂兄弟姐妹)重新分类为"妻子"(Chagnon,1979)。夏依在 1982 年发表的论文副标题为"打破规则的人"(Man the rule breaker)。但是如果得出结论,与其说男人是规则制定者,不如说他是规则破坏者——其实这个结论并不能告诉我们谁制定了规则(或为什么)。

以下是关于亚诺玛米社会的另一种观点。园艺社会特别容易受到战争的侵害,因为它们拥有大量可取资源(他们的园林作物),但是那里缺乏一个总体的社会组织来和平地管理村与村之间的园艺地共享。因此,旨在保障秩序的婚姻交换被用来协商营造一种不稳定的互惠利他主义形式,这是亚当·弗格森在"自然状态"下的市民社会概念的一个很好的例子。但是,这种搭便车者屡屡破坏了这种秩序,为了谋取个人利益,他们组织突袭行动或者在大世系群里制造分裂,危害他人的生命。村庄分裂后可能互相为敌(Chagnon,1988:987,988),小村庄比大村庄更容易遭到袭击(Chagnon,1988:986)。鼓励发动袭击可能会带来短期收益,但会破坏长期的社会关系。如果能将亚诺玛米人大致分为"杀手"和

"和平缔造者",那么它可以反映其社会生活中两种竞争策略之间不稳定的平衡。

小型社会中战争的广阔图景

如果我们想了解人类战争是何时以及为什么开始的,似乎我们需要研究社会和生态系统的突生特性。莱顿和巴顿(Layton and Barton, 2001)假设,当狩猎采集者进入资源密集且可预测的环境时,人类战争便首次发生了。在世界上被考古研究最成熟的地区,这种情况可能发生在冰河时代后的中石器时代。农业的文化发明创造了密集农作物的保护地,也使这一趋势加剧。卡罗尔和梅尔文·恩贝尔(Carol and Melvin Ember, 1997)发现,狩猎采集者社会并不是特别和平,但是与非觅食者相比,战争的频率更低。他们还发现,在每两年至少战斗一次的社会中,胜利者几乎总是从失败者手中夺取土地或其他资源。在允许相互访问彼此领地的狩猎采集者中,土地往往更不会成为问题。

起源于北美西北海岸的战争是自然生态变化导致的。该海岸自公元前9000年就开始有人居住,但在公元前9000年至公元前3500年期间的很长一段时间内,这些群体规模不大,经常迁移(Maschner, 1997)。当时,海平面不稳,无法开发密集且可预测的食物资源。西北海岸冲突的第一个证据出现在公元前3000年,与较为稳定的贝丘式觅食运动的证据伴生,主要见于非致命性的骨骼伤害中。赫布·马施纳(Herb Maschner)提醒说,暴力冲突可能在更早的时候就有发生,只是没有发现考古证据。但是,从公元200—500年开始,在防御场地的建筑物中明显看到战争的存在,原本可能是单一世系的社群合并到了大村庄中，人口减少了。有记载表示当时弓箭被引入该地区。至少在每个被记录的个案中，确实导致领地变化的战争，是由该地区人口最多且最强大的群体为了进行扩张活动而发动的，并且这个群体在他们自己的领地上拥有最大量的生存资源(Maschner, 1997：292)。领地最少的群体既没有财富也没有足够的人口成功地进行袭击。

保罗·西利托(Paul Sillitoe, 1978)研究了大人物在新几内亚战争中的作用。大人物不只是可以推动他人前进的强者，他们还被视为技巧娴熟的组织者和演说家，但他们必须尊重美拉尼西亚人的原则，即人人平等，每个人可以自由地为自己的事做主。这是亚当·弗格森自然状态下的市民社会的另一个例子。大人物们采取政治行动的范围取决于当地社会组织的灵活性，以及它在多大程度上允许心怀不满的个人加入其他村庄有影响力的领导人队伍。大人物害怕竞争对手的侵占，并试图使用武力维持或扩大自己的影响力。不靠谱的大人物更有可能引发冲突(Sillitoe, 1978：265, 表4)。西利托区分了小战争和根深蒂固的战争：小战争发生在经常交易和交换婚姻伴侣的群体之间，只是为了报复互惠性的破裂；根深蒂固的战争则在缺乏这种相互关系的群体之间持续存在，不断对敌人曾经的杀戮进行报复(比较南美地区的案例，见Halbmayer, 2001：59, 61)。在通常不存在交换关系的居地之间发生的主要战争，把敌人击溃是较为常见的目的。"很有可能发生(寻求赔偿的)……最终以失败者的溃败和他们聚居地的毁灭而告终的战争"(Sillitoe, 1978：263)。

西利托指出，在新几内亚的不同环境中往往会发现不同类型的军事交战。沼泽和茂密的雨林支持较低的人口密度，因此人们相遇的机会减少了，而大人物建立社区间网络的机会也减少了。西利托拒绝了人口压力与频繁战争之间的简单关联（Sillitoe，1978：269；另请参见 Sillitoe，1977），但很明显，在某些环境中，领土侵略战争最为普遍。

复杂社会中的暴力行为

第二章指出，人类学家更喜欢通过对最简单的人类社会的分析来解决理论问题，在这些社会中，人们最能清楚地看到社会生活的基本方面。但他们的结论在复杂社会中的适用性需要说明。在园艺种植者那里，引发战争的原因是相邻村庄之间联盟的破裂，或者是无社会关系的群体之间发生了无法解决的冲突。在复杂的社会中，最近发生的许多族群冲突都与民族国家的不稳定有关。这里的问题是，哪些因素导致了大规模社交网络的崩溃？第三章表明，社会秩序的崩溃很少会导致完全的无政府状态或完全地缺乏社会互动。当现有的社会秩序确实崩溃时，族群关系和亲属关系是互动并拥有资源专有权的人之间小范围重建信任的两个关键维度。亲属关系和族群关系不是无政府状态期间浮出水面的原生社会组织形式。对于政府或市民社会来说，当亲属关系和族群关系还在继续发挥突出作用的时候，它们仍然是求助对象。亚诺玛米人之间的战争有什么相似之处？我们并不接受兰厄姆和彼得森的论点：我们面临着各种原始欲望，例如"战争派对的亢奋聚集，鬼鬼祟祟的突袭，发现敌人以及对成败的迅速估算，团伙杀戮"（Wrangham and Peterson，1996：71）。我认为，与亚诺玛米人的相似之处在于，社会关系的建构和出于机会主义考虑拒绝履行社会约定。有两个相似之处凸显出来：受益于秩序与受益于混乱的人们之间的利益冲突；以及局外人在提供武器使冲突更具破坏性影响中所扮演的角色。

谁对促进混乱感兴趣？

阿尔巴尼亚人通过在各群体之间建立不同类型的兄弟关系，终结了血仇复仇。双方都必须同意荣誉已得到满足。氏族首领扮演法官的角色在争端中进行仲裁。奥斯曼帝国土耳其人十分依赖他们（Whitaker，1968：259）。在阿尔巴尼亚北部，传统领导人、当地天主教神父和以普特尔·恩德雷基（Pjetr Ndreki）为首的国家使团，在20世纪90年代为解决血仇都贡献了力量。然而，斯蒂芬妮·施万德纳-西弗斯（Stephanie Schwandner-Sievers）报告说，在20世纪60年代出生的年轻人（四十岁至五十多岁）不熟悉传统的和解仪式，也不愿接受它们（140）。这一代人中的许多人还参与了阿尔巴尼亚、黑山（Montenegro）、科索沃和意大利之间的毒品、武器与妇女的贸易。非法毒品交易能带来很多财富；因此，防止恢复国家控制符合帮派的利益。在塞拉利昂，一群土匪模仿叛军的战术追逐战利品和钻石，让和平谈判更加难以开展（Richards，1996：7，132）。

斯蒂芬·汉德尔曼（Stephen Handelman，1994）认为，20世纪60年代俄罗斯黑市的兴起增加了已经存在了数十年的犯罪团伙的力量。在叶利钦总统领导下实施的丘拜斯私有化计划（Chubais privatisation programme）期间，帮派获得了黑市交易的控制权，并与地方政府官员合作，削弱中央对经济的控制符合这些帮派和官员的利益。私有化后，许多犯罪集团与高级政府官员勾结在一起，高级官员利用有组织的犯罪集团来增强他们对曾经属于国家的工业、银行等的控制权。"俄国帮派可以说是唯一从苏联解体中受益的苏联组织"(Handelman，1994：87)。1997 年，俄罗斯议会以 288 票对 6 票赞成通过决议，指出私有化并不令人满意。俄罗斯的公司中有 57% 被私有化了，而国家仅获得 30 亿—50 亿美元；这些公司以象征性价格卖给了腐败团伙。维持市民社会的混乱符合这些团伙的利益。

外来者的作用

亚诺玛米人之间的战斗可能部分是由于对商品的竞争引起的(Ferguson，1995；Fischer，2001：10；Helbling，1999：105)。有可信的证据表明，夏侬有选择地提供砍刀给亚诺玛米人，激化了亚诺玛米人的攻击性。蒂尔尼认为，夏侬通过分发砍刀和其他金属物品来挑起战争，以赢得亚诺玛米的青睐，因为他需要从亚诺玛米人那里收集血样和族系。对金属物品的渴望将亚诺玛米人从其他村庄引到了夏侬这里，致使疾病传播，从而引发了人们对巫术的需求。这些说法在一定程度上得到了美国人类学协会工作组的调查结果的支持。特别工作组的报告引述了亚诺玛米发言人何塞·塞里皮诺(José Seripino)的话，他对工作组成员说："在那时，我们没有自己的动力车，他带来了所有那些东西——他的研究装备。亚诺玛米需要这些东西——我们是从农民那里得到的。因此，某个社区拥有它们，而另一个社区则没有。然后其他社区就变成了'战斗狂'"(美国人类学协会，2002：2.97—2.98)。

兰厄姆和彼得森(Wrangham and Peterson，1996：77)声称，卡拉哈里的昆族狩猎采集者中的暴力死亡事件，比美国最糟糕的城市还更频繁。研究昆族的权威专家理查德·李（Richard Lee）估计，在1920年至1955年的30多年中，多比昆族中出现了22起凶杀案（Lee，1979：382）。1964年，包括临时居民在内的人口为466人，而1968年为584人（Lee，1979：43）。在宿仇冲突中发生了15起杀戮事件，而其中7起是单向杀人事件，没有引起报复。夫妻纠纷导致五人死亡，但至少有五名受害者是无辜的旁观者（Lee，1979：383，389）。尽管这似乎是很高的死亡率，但在1978年至1980年之间，凶杀率有了更大增长。在短短的三年中，有7例昆族人互相残杀的案件，而且常常发生在醉酒斗殴中。谋杀之所以增加，是因为人们现在在战争中使用了南非军队与纳米比亚民族主义者游击队员用过的武器（Lee and Hurlich，1982：341）。

有证据表明，最近使得民族国家深受其害的许多战争都是因其他国家提供的强大武器而变得更加致命。解决争端的传统程序或许不能解决更大范围的破坏。在奥斯曼土耳其帝国统治期间，枪支被引入阿尔巴尼亚北部，这使械斗变得更加容易爆发且更加致命（Schwandner-Sievers，1999：146）。施万德纳-西弗斯（Schwandner-Sievers）未能提供确切的日期，但据消息来源推断，步枪大约在1700年被引入邻近的黑山，1820年引入火枪（即后膛步枪）。1907年，奥地利贵族进行了一项调查，这项调查是关于在15年的时间里30个村庄的死亡人数占总人口的比重，据计算，有19％的死亡是由于宿仇冲突造成的。

基伯·冯·本达-贝克曼（Keebet von Benda-Beckmann，2004）写到印度尼西亚安汶岛（Ambon）最近发生的暴力事件时指出，当代的一些暴力行为很像暴力冲突调解的传统模式。例如，如果交通事故中一名近亲受伤，兄弟姊妹和堂兄弟姊妹会出去抓捕犯罪嫌疑人。如果找到了这名犯罪嫌疑人,肯定会殴打甚至杀死他。如果未找到所指控的肇事者,则可以由年长的亲属出面进行谈判,达成和解。但是,现在,传统社会似乎在限制事件严重升级上不再奏效了。在第三章中我们回顾了,在冲突的第一个月中,只使用刀具和自制武器。此后,进口枪支和自动武器将暴力提高到了前所未有的程度。要捍卫的社区已从亲属群体和村庄扩展到整个宗教社区。老人不再知道与谁交谈,或者如何重建和平。农村清真寺的工作人员是当地任命的,不属于村庄级别以上,而基督教教堂的组织则没有和风俗法(adat)对接。因此,没有明确建立相互信任的基础。

在非洲,大量致命武器加剧了暴力。军备控制非常困难(Ferguson, 2003:5)。在19世纪的索马里,最致命的武器是长矛,但是在1992年,"我遇到的每个男人和年轻人都非常明显地装配了卡拉什尼科夫冲锋枪(Kalashnikov)或同等的美式武器,并且后面似乎还有很多重型武器"(Lewis, 1997:184)。跨埃塞俄比亚边界的坦克交易也很活跃。索马里首先是由苏联武装,然后是由美国来武装他们。20世纪80年代索马里的世系群权威瓦解后,城市精英之间的竞争常常按照家谱来进行,但没有习惯法的约束(Besteman, 2003:292,我的强调)。

1966年乍得内战开始时,"几乎没有战士,没有什么打仗的武器,无法打仗"(Reyna, 2003:279)。弗罗里纳特(Frolinat)叛军可能有一百名游击队与执矛战士作战,而汤巴巴耶总统(President Tombalbaye)则有一千名士兵装配了过时的步枪和轻机枪。到哈布雷(Habre)1986—1987年统治时期,"散布在不同解放军中的大约2万名士兵,装配有从坦克、导弹到磷弹迫击炮等各种武器。哈布雷的军队中可能有多达 25 000 人"(Reyna,2003：276—277)。正如史蒂夫·雷纳(Steve Reyna,277)所说,"在后殖民时期的乍得,暴力的手段已经被大量积累"。许多国家参与其中,特别是法国、利比亚和美国。

恢复信任

如果互信的破裂也可以解释为是从非零和博弈转为零和博弈的结果,那么可以通过说服冲突双方恢复和平,其实双方都可以从停止冲突中受益。如果是这样,他们就有动力进行和平谈判(比较第二章中,关于核战争中相互毁灭的威胁)。1991年在索马里北部恢复了和平。在没有外部帮助的情况下,本地索马里氏族得以重建和平。他们热切希望能够通过恢复寻找牧场和安全贸易路线,重新建立安全旅行,因为其中包含了潜在的经济利益。大卫·普拉滕(David Pratten)还展示了东非地方社区如何有效地利用传统形式的社会组织来对抗无政府状态和压迫(Pratten,1997,2000)。

为了寻求纳什均衡,和平谈判可以建立在对替代计划相对成本和收益综合评估的基础之上。反对者可能被说服,接受作为解决共存定居最可行途径的妥协(Barakat et al.,2001：177)。苏丹·巴拉卡特(Sultan Barakat)和他的合著者描述了他们为重建波斯尼亚的一个穆斯林村庄而进行的谈判,该村庄在20世纪90年代的内战期间被波斯尼亚克族人(Bosnian Croats)殖民。允许双方稳定解决共存的最可行解决方案是,双方都要做出让步。双方商定,穆斯林难民将返回家园并重建清真寺,作为回报,他们将现有供水层以上的房产交给克罗地亚人,然后克罗地亚人对把水输送到更高一层的新的供水系统做出有益的尝试,以使新的供水系统可以将水引到更高的地方。因此,通过将合作作为援助的前提,外部机构就可以发挥作用(另请参见 Leutloff-Grandits,2003)。至关重要的问题是,从恢复秩序中受益的人与那些从混乱中受益的人们(比如亚诺玛米人尤诺凯)之间的权力分配。

结　　论

本书开始是为了回答:为什么社会变革有时以有序的方式进行,而另一些时候社会却陷入混乱和内战。托马斯·霍布斯和拿破仑·夏依提出的一种可能的解释是,人类天生就有暴力倾向,只有当国家或其他仲裁者确保每个人都能履行其社会义务时,人类才会放弃战争。如果国家式微,则会导致无政府状态。约翰·洛克和亚当·弗格森提倡的另一种可能性是,人们一直能够通过认识到社会秩序符合他们的长期利益来建立合作与互惠。但是,随着互信程度的变化,或通过共同行动增进幸福的程度的变化,社会关系的范围也会发生变化。本书分析的案例研究支持后一种解释。社会变革会破坏信任并剥夺人们所需的资源。信任是一种脆弱的资源。在搭便车带来高回报的地方(如约翰内斯堡的淘金热),人们可能会做出放弃共同义务的决定。在资源固定、不信任他人的情况下,个人可能断绝广泛的社会联系,只承认与同村、亲族或族群成员之间的关系,这些村寨、亲族或族群常常对稀缺资源的优先权加以维护。

人们出于自身利益而建立关系并构成了市民社会。我不怀疑人们可能会有无私的利他主义行为,但从"底线"开始会更具说服力——如果要维持社会关系,就必须满足个人利益。竞争与利用在人类社会中跟合作与互助同等重要。市民社会是否被视为"好事",既取决于社会秩序的特征,也取决于评价者的立场。那些认为社会应该由个体企业家组成的人,与那些认为互助是人类福祉的关键要素的人,所倡导的市民社会是不同的。在存在国家压迫的地方,市民社会发挥促进人权的重要作用。在一个多民族国家经历经济困难的时候,市民社会中的派系之争能毁掉许多公民的生活。

第四章详细研究了亚诺玛米个案,我认为它揭示了进化论方法对理解人类社会行为的一些基本要点。查尔斯·达尔文的进化论强调了可变性和偶然性:即,种群内部行为的可变性和环境中的偶然性。即使侵略和战争为亚诺玛米男性带来了好处,但这也不能证明,战争在任何普遍意义上是好的选择。并非所有的亚诺玛米人都是"杀手",那些寻求这种声誉的人会利用亚诺玛米联盟特殊的不稳定性,而这种不稳定性是由于难以维持村庄之间的信任造成的。从全球的角度来看,对在不同情况下不同社会策略的相对结果的普遍理解,要比一种假定的人格类型在一种特定的社会环境中的成功(如对涂尔干在其自杀研究中所认为的那样)更加重要。

认为黑猩猩群际侵犯与人类战争之间有直接进化联系是简单化的论点。人类与黑猩猩在建立更广泛的社会关系的能力上有所不同,人类个体的社会关系超出了当地范围。人类已经发展出了更强的学习能力,以及更强的保持多种社会关系的能力。从亲属关系的文化解释中可以清楚地看到,这些技能不能使人类摆脱自然选择的束缚,但可以使我们对社会生活的挑战做出更灵活、更创新的反应。毫无疑问,我们保持互惠关系状态的能力来自遗传性。人类大脑的进化可以与灵长类动物(即猿和猴)中的社会群体的大小相匹配(Dunbar,1993),但是这种状况所适应的环境在很大程度上系由社会建构。媾和技艺随灵长类动物社会关系的重要性同步形成(de Waal,1989)。

当社会关系网遭到破坏时,就会发生人类战争。人类社会是复杂的系统,易受混乱时期的干扰。系统的状态越不稳定,一个偶然的小事件沿着新的历史轨迹偏移的可能性就越大(Stewart,1997:127—129)。正是在这样的时刻,自私的领导人或不道德的大众媒体(像在南斯拉夫和卢旺达)才有最大的机会改变历史进程。在不确定的时期,人们愿意接受提供迅捷方案的任何人做领导者,却不顾其方案后来被证明如何不可行。一旦人们可以在广大社会中预见到彼此的依赖即将终结,他们就可能放弃相互间的义务,并寻求在一个较排外的群体中重新建立关系。致命武器的供应可以加剧战争,有时甚至超出当地和解程序所能处理的范围。领导人的操纵行为对挑起战争起到部分作用,无论他们是小规模、非集权社会中的本地大人物,还是民族国家的领导人。但是,领导者只限于操纵由社群构建、维持或否定并且在这个社群中运行的社会关系。

我们的物种在社会环境中进化。正如亚当·弗格森在1767年所说的那样:"我们应从群体中去看人类,因为他们总是生活在群体中"(Ferguson,1995:10)。本书反对唯有资本主义市场经济才有可能创建市民社会的观点。第一章中我们说明了,作为这个概念首创者的洛克和弗格森认为,市民社会的适用范围要广泛得多。本书列举了历史上以及近年来一些非西方个案来支持洛克和弗格森的立场。因此本书指出,"市民社会"应包括所有处于家户和国家之间的社会组织,这些社会组织使人们能够协调对资源和社会活动的管理。这样做是为了探索洛克和弗格森最初关于市民社会的概念化思考的有用性。在市民社会中,人们在所有类型的社会中,从人类的"自然"状况(在政治上非集权的社会)到民族国家,出于自利理性而追求社会关系。通过将相同的分析模型(博弈论和囚徒困境)同时运用于简单社会和复杂社会中的社会互动,我们可以证明这种方法是合理的。

这种较广义的市民社会研究方法,没有假定认为市民社会对国家的统一性做出过贡献,也没有假定某些人类社会比其他社会更"先进"。市民社会可能会根据历史情况支持或破坏民族国家的统一。理性并不被视为是在市场民主社会中独有的社会行为。当然,以下行为是完全合理的:寻找能够促进整个国家的合作与秩序的各种市民社会形式;但是将那些没有这样做的社会视为"原始"或"非理性"是无益的。即使我们谴责他们助长的暴力行为,也必须研究其因地制宜的合理性。

塞利格曼(1992)和盖尔纳(1994)所依赖的狭义的市民社会概念意味着,亲属和族群等传统社会制度是非理性的,因此它们是被盲目继承的。由于对亲属或族群身份的忠诚似乎无法作出知性解释,因此唯一的补救办法似乎是引入普遍的市场经济,解散传统社群,在行为中注入合理性。在实践中,对塞利格曼和盖尔纳为之辩护的原则的误用,助长了社会混乱而不是统一。如果不了解其他社会形式的合理性,就很难预测社会变革的后果。当地社区所拥有的公共土地私有化使拥有土地的精英阶层得以崛起,更重要的是,它摧毁了当地传统的市民社会。当地人被剥夺了生产资源,变得容易受到潜在庇护者的剥削。我们应该在特定的社会脉络中，探索效忠亲族和族群的合理性。

　　暴力不是不可避免的，它不是人类和黑猩猩从共同祖先那里继承下来的不可控遗传编程的性状，而是对社会生态特定条件的反应。促进秩序的愿望在我们的行为中同样根深蒂固。本书倡导的更广义的方法使我们有可能理解，为什么促进某些社会的秩序有利于某些人的利益，而破坏其秩序却有利于另一些人的利益。从行为者的角度来看，有时候破坏社会的行为是理性的，内战不是非理性的爆发，而是对特定社会条件的理性反应。就如同了解社会秩序的起源，本书的目的不是为暴力辩护，而是要解释危害社会的条件，解释造成道德上应受谴责的行为的条件。本书还试图证明，在世界上距离遥远的各个地方，族群之间的暴力冲突和亲族群体之间的世仇冲突，其实是由我们也参与其中的全球社会生态的变化引起的，而全球社会生态是由我们自己的政府[①]政策塑造出来的生态。

[①] 作者此处指的是西方国家的政府。——译者注

参考文献

Abélès, M. 1991. *Quiet days in Burgundy: a study in local politics*, trans A. McDermott, Cambridge: Cambridge University Press (French edition 1989).

Abrahams, R. 1990. 'Chaos and Kachin', *Anthropology Today*, 6: 15–17.

Albrecht. 1937. Letter to Deputy Administrator Alice Springs, quoted in Australian National Archives file AA: CRS A659 40/1/1428, 'Suggestions re Aboriginal Reserves in south-west of Northern Territory, January 1935–May 1940'.

Alderdice, Lord. 2002. 'Introduction', in C. Covington, P. Williams, J. Arundale and J. Knox (eds.), *Terrorism and war: unconscious dynamics of political violence*, London: Karnac Books, pp. 1–16.

Allen, R. C. 1991. 'The two English agricultural revolutions, 1459–1850', in B. M. S. Campbell and M. Overton (eds.), *Land, labour and livestock: historical studies in European agricultural production*, Manchester: Manchester University Press, pp. 236–54.

Amanor, K. S. 1999. 'Global restructuring and land rights in Ghana', Research Report no. 108, Uppsala: Nordiska Afrikainstitutet.

American Anthropological Association. 2002. *The El Dorado task force report*. http://www.aaanet.org/edtt/final/preface.htm

Ardrey, R. 1967. *The territorial imperative: a personal enquiry into the animal origins of property and nations*, London: Collins.

Ault, W. O. 1972. *Open-field farming in medieval England: a study of village by-laws*, London: Allen and Unwin.

Aureli, F., M. Cords and C. P. Van Schaik. 2002. 'Conflict resolution following aggression in gregarious animals: a predictive framework', *Animal Behaviour*, 64: 325–43.

Axelrod, R. 1990. *The evolution of co-operation*, Harmondsworth: Penguin (first published in 1984 by Basic Books, New York).
Bailey, F. G. 1969. *Stratagems and spoils: a social anthropology of politics*, Oxford: Blackwell.
Banks, M. 1999. 'Ethnicity and reports of the 1992–95 Bosnian conflict', in T. Allen and J. Seaton (eds.), *The media of war*, London: Zed Books, pp. 147–61.
Barakat, S., C. Wilson, V. Simcic and M. Kojakovic. 2001. 'Challenges and dilemmas facing the reconstruction of war-damaged cultural heritage: the case of Pocitelj, Bosnia-Herzegovina', in R. Layton, P. Stone and J. Thomas (eds.), *Destruction and conservation of cultural property*, London: Routledge, pp. 168–81.
Barth, F. 1959. 'Segmentary opposition and the theory of games', *Journal of the Royal Anthropological Institute*, 89: 5–21.
  1969. 'Introduction', in F. Barth (ed.), *Ethnic groups and boundaries: the social organization of culture difference*, London: Allen and Unwin, pp. 9–38.
Basalla, G. 1988. *The evolution of technology*, Cambridge: Cambridge University Press.
Beattie, J. 1961. 'Democratisation in Bunyoro', *Civilizations*, 11.1: 8–20, reprinted in J. Middleton (ed.), *Black Africa today*, London: Macmillan, pp. 101–10 (page references are to the reprint).
Behar, R. 1986. *Santa María del Monte: the presence of the past in a Spanish village*, Princeton: Princeton University Press.
Benda-Beckmann, F. von. 1990. 'Sago, law and food security on Ambon', in J. I. H. Bakker (ed.), *The world food crisis: food security in comparative perspective*, Toronto: Canadian Scholars' Press Inc., pp. 157–99.
  2001. 'Between free riders and free raiders: property rights and soil degradation in context', in N. Heerink, H. van Keulen and M. Kuiper (eds.), *Economic policy analysis and sustainable land use: recent advances in quantitative analysis for developing countries*, Heidelberg: Physica Verlag, pp. 293–316.
Benda-Beckmann, F. von and K. von Benda-Beckmann. 1999. 'A functional analysis of property rights, with special reference to Indonesia', in T. van Meijl and F. von Benda-Beckmann (eds.), *Land and natural resources in southeast Asia and Oceania*, London: Kegan Paul International, pp. 15–56.

Benda-Beckmann, K. von. 2004. 'Law, violence and peace making on the island of Ambon', in M.-C. Foblets and T. von Trotha (eds.), *Healing the wounds: essays on the reconstruction of societies after war*, Oxford: Hart.

Berlin, I. 2002. *Freedom and its betrayal: six enemies of human liberty*, London: Random House.

Besteman, C. 2003. 'The Cold War and chaos in Somalia', in R. B. Ferguson (ed.), *The state, identity and violence: political disintegration in the post-Cold War world*, London: Routledge, pp. 285–99.

Biella, P. 2000. 'Visual anthropology in the plague year: Tierney and the Yanomamö films of Asch and Chagnon', *Anthropology News*, December: 5–6.

Blau, P. 1964. *Exchange and power in social life*, New York: Wiley.

Bloch, M. 1966. *French rural history: an essay on its basic characteristics*, trans. J. Sondheimer, London: Routledge (French edition 1931).

Boas, F. 1888. 'The central Eskimos', *Bureau of American Ethnology, Annual Report*, 6: 399–699.

  1966. *Kwakiutl ethnography*, ed. H. Codere, Chicago: Chicago University Press.

Boehm, C. 1992. 'Segmentary "warfare" and the management of conflict: comparison of East African chimpanzees and patrilineal-patrilocal humans', in A. H. Harcourt and F. B. M. de Waal (eds.), *Coalitions and alliances in humans and other animals*, Oxford: Oxford University Press, pp. 137–73.

Bohannan, L. 1958. 'Political aspects of Tiv social organisation', in J. Middleton and D. Tait (eds.), *Tribes without rulers*, London: Routledge, pp. 33–66.

Bourdieu, P. 1977. *Outline of a theory of practice*, trans. R. Nice, Cambridge: Cambridge University Press (French edition 1972).

Bowden, M. 1999. *Black Hawk down*, London: Bantam.

Boyd, R. and P. J. Richerson. 1985. *Culture and the evolutionary process*, Chicago: University of Chicago Press.

Brain, C. K. 1981. *The hunters or the hunted? An introduction to African cave taphonomy*, Chicago: Chicago University Press.

Buchowski, M. 1996. 'The shifting meanings of civil and civic society in Poland', in C. Hann and E. Dunn (eds.), *Civil society: challenging Western models*, London: Routledge, pp. 79–98.

Burch, E. 1975. *Eskimo kinsmen: changing family relationships in northwest Alaska*, New York: West.

Burrow, J. W. 1981. *A liberal descent: Victorian historians and the English past*, Cambridge: Cambridge University Press.

Cam, H. M. 1962. *Law-finders and law-makers in medieval England*, London: Methuen.

Campbell, J. K. 1964. *Honour, family and patronage*, London: Oxford University Press.

Chagnon, N. 1967. 'Yanomamö social organisation and warfare', in M. Fried, M. Harris and R. Murphy (eds.), *War: the anthropology of armed conflict and aggression*, New York: Natural History Press, pp. 109–59.

1968. *Yanomamö: the fierce people*, New York: Holt, Rinehart and Winston.

1979. 'Mate competition, favouring close kin, and village fissioning among the Yanomamö Indians', in N. Chagnon and W. Irons (eds.), *Evolutionary biology and human social behaviour*, North Scituate, Mass.: Duxbury, pp. 86–132.

1982. 'Sociodemographic attributes of nepotism in tribal populations: man the rule breaker', in King's College Sociobiology Group (eds.), *Current problems in sociobiology*, Cambridge: Cambridge University Press, pp. 291–318.

1988. 'Life histories, blood revenge and warfare in a tribal population', *Science*, 239: 985–92.

1997. *Yanomamö*, fifth edn., Fort Worth: Harcourt Brace.

Chapman, B. 1953. *Introduction to French local government*, London: Unwin.

Chibnall, A. C. 1965. *Sherington: fiefs and fields of a Buckinghamshire village*, Cambridge: Cambridge University Press.

Conway Morris, S. 1998. *The crucible of creation: the Burgess Shale and the rise of animals*, Oxford: Oxford University Press.

Cosmides, L., J. Tooby and J. Barkow. 1992. 'Introduction: evolutionary psychology and conceptual integration', in J. H. Barkow, L. Cosmides and J. Tooby (eds.), *The adapted mind: evolutionary psychology and the generation of culture*, New York: Oxford University Press, pp. 4–136.

Dart, R. 1925. '*Australopithicus africanus*: the man-ape of South Africa', *Nature*, 115: 195–9.

1959. *Adventures with the missing link*, London: Hamilton.

Davies, N. B. 1981. 'Calling as an ownership convention on pied wagtail territories', *Animal Behaviour*, 29: 529–34.

Davies, N. B. and A. I. Houston. 1984. 'Territory economics', in J. R. Krebs and N. B. Davies (eds.), *Behavioural ecology: an evolutionary approach*, Oxford: Blackwell, pp. 148–69.

Dawkins, R. 1976. *The selfish gene*, Oxford: Oxford University Press.

Day, T. E. 1916. *Examination of the country west of the Overland Telegraph Line*, Northern Territory Bulletin no. 20, Department of Homes and Territories, Melbourne (Australian National Archives file CRS A3, item 22/2391).

Declich, F. 2001. '"When silence makes history": gender and memories of war violence in Somalia', in B. Schmidt and I. Schröder (eds.), *Anthropology of violence and conflict*, London: Routledge, pp. 161–75.

Denich, B. 1994. 'Dismembering Yugoslavia: nationalist ideologies and the symbolic revival of genocide', *American Ethnologist*, 21: 367–90.

2003. 'The specter of superfluity: genesis of schism in the dismantling of Yugoslavia', in R. B. Ferguson (ed.), *The state, identity and violence: political disintegration in the post-Cold War world*, London: Routledge, pp. 177–98.

Doja, A. 1999. 'Morphologie traditionelle de la société Albanaise', *Social Anthropology*, 7: 421–38.

Duffield, M. 1981. *Maiurno: capitalism and rural life in Sudan*, Sudan Studies Series no. 5, London: Ithaca Press.

1994. 'The political economy of internal war', in J. Macrae and A. Zwi (eds.), *War and hunger*, London: Zed Books, pp. 50–69.

2001. *Global governance and the new wars: the merging of development and security*, London: Zed Books.

Dunbar, R. 1993. 'Co-evolution of neocortical size, group size and language in humans', *Behavioural and Brain Sciences Evolution*, 16: 681–735.

Dunn, E. 1996. 'Money, morality and modes of civil society among American Mormons', in C. Hann and E. Dunn (eds.), *Civil society: challenging Western models*, London: Routledge, pp. 27–49.

Durham, W. H. 1991. *Co-evolution: genes, culture and human diversity*, Stanford: Stanford University Press.

Durkheim, E. 1938. *The rules of sociological method*, trans. S. A. Solovay and J. H. Mueller, London: Macmillan (French edition 1901).

1952. *Suicide: a study in sociology*, trans. J. Spaulding and G. Simpson, London: Routledge and Kegan Paul (French edition 1897).
Dyson-Hudson, R. and E. A. Smith. 1978. 'Human territoriality: an ecological assessment', *American Anthropologist*, 80: 21–41.
Eames, E. 1990. 'Navigating Nigerian bureaucracies', in J. P. Spradley and D. W. McCurdy (eds.), *Conformity and conflict: readings in cultural anthropology*, 7th edn., Glenview, Ill.: Scott, Foresman, pp. 38–47 (first published 1985).
Eidson, J. and G. Milligan. 2003. 'Cooperative entrepreneurs? Collectivization and privatization of agriculture in two East German regions', in C. Hann and the 'Property Relations' Group (eds.), *The postsocialist agrarian question: property relations and the rural condition*, Münster: LIT, pp. 47–92.
Elster, J. 1983. *Explaining technical change*, Cambridge: Cambridge University Press.
Ember, C. R. and M. Ember. 1997. 'Violence in the ethnographic record: results of cross-cultural research on war and aggression', in D. L. Martin and D. W. Frayer (eds.), *Troubled times: violence and warfare in the past*, Amsterdam: Gordon and Breach, pp. 1–20.
Epstein, A. L. 1958. *Politics in an urban African community*, Manchester: Manchester University Press, for the Rhodes-Livingstone Institute.
Erasmus, C. J. 1956. 'Culture, structure and process: the occurrence and disappearance of reciprocal farm labour in Latin America', *Southwestern Journal of Anthropology*, 12: 444–69.
Evans-Pritchard, E. E. 1940. *The Nuer*, Oxford: Clarendon Press.
Fabian, J. 1983. *Time and the other*, New York: Columbia University Press.
Fairhead, J. 2000. 'The conflict over natural and environmental resources', in F. Stewart, W. Nafziger and R. Vayryen (eds.), *War, hunger and displacement*, vol. 1, Oxford: Oxford University Press, pp. 147–78.
Fallers, L. 1956. *Bantu bureaucracy*, Cambridge: W. Heffer, for the East African Institute of Social Research.
Ferguson, A. 1995. *An essay on the history of civil society*, Cambridge: Cambridge University Press (first published 1767).
Ferguson, R. B. 1995. *Yanomami warfare*, Santa Fe, N.M.: School of American Research.

2003. 'Introduction: violent conflict and the control of the state', in R. B. Ferguson (ed.), *The state, identity and violence: political disintegration in the post-Cold War world*, London: Routledge, pp. 1–58.

Fischer, M. 2001. 'In the science zone: the Yamomami and the fight for representation', *Anthropology Today*, 17.4: 9–14. Concluding section in *Anthropology Today*, 17.5: 16–19.

Foucault, M. 1977. *Discipline and punish: the birth of the prison*, London: Penguin.

Friedl, J. 1974. *Kippel: a changing village in the Alps*, New York: Holt, Rinehart.

Gallagher, T. 1997. 'My neighbour, my enemy: the manipulation of ethnic identity and the origins and conduct of war in Yugoslavia', in D. Turton (ed.), *War and ethnicity: global connections and local violence*, Rochester, N.Y.: University of Rochester Press, pp. 47–75.

Gamble, C. 1998. 'Palaeolithic society and the release from proximity: a network approach to intimate relations', *World Archaeology*, 29: 426–49.

Garfield, V. and P. Wingert. 1966. *The Tsimshian Indians and their arts*, Seattle: University of Washington Press.

Garwood, A. 2002. 'The Holocaust and the power of powerlessness: survivor guilt an unhealed wound', in C. Covington, P. Williams, J. Arundale and J. Knox (eds.), *Terrorism and war: unconscious dynamics of political violence*, London: Karnac Books, pp. 353–74.

Geertz, C. 1973a. 'Thick description: towards an interpretive theory of culture', in C. Geertz, *The interpretation of cultures*, London: Hutchinson, pp. 3–30.

1973b. 'Deep play: notes on the Balinese cock fight', in C. Geertz, *The interpretation of cultures*, London: Hutchinson, pp. 412–53.

1973c. 'The growth of culture and the evolution of mind', in C. Geertz, *The interpretation of cultures*, London: Hutchinson, pp. 55–83.

Gellner, E. 1994. *Conditions of liberty: civil society and its rivals*, Harmondsworth: Penguin (page references are to the 1996 edition).

Ghiglieri, M. P. 1984. *The chimpanzees of Kibale Forest: a field study of ecology and social structure*, New York: Columbia University Press.
Giddens, A. 1984. *The constitution of society*, Cambridge: Polity Press.
Glazier, N. and D. P. Moynihan. 1979. 'Why ethnicity?' in D. R. Colburn and G. E. Pozzatta (eds.), *America and the new ethnicity*, Port Washington, N.Y.: National University/Kennikat Press, pp. 29–42.
Glickman, M. 1971. 'Kinship and credit among the Nuer', *Africa*, 41: 306–19.
Goddard, C. 1987. *A basic Pitjantjatjara/Yunkunytjatjara to English dictionary*, Alice Springs: Institute of Aboriginal Development.
Goldschmidt, W. 1979. 'A general model for pastoral social systems', in Equipe Ecologique (ed.), *Pastoral production and society*, Cambridge: Cambridge University Press, pp. 15–28.
Goodall, J. 1986. *The chimpanzees of Gombe: principles of behaviour*, Cambridge, Mass.: Harvard University Press.
Goody, J. 1956. 'A comparative approach to incest and adultery', *British Journal of Sociology*, 7: 286–305.
2001. 'Civil society in an extra-European perspective', in S. Kaviraj and S. Khilnani (eds.), *Civil society: history and possibilities*, Cambridge, Cambridge University Press, pp. 149–64.
Gouldner, A. 1980. 'Civil society in capitalism and socialism', in A. Gouldner, *The two Marxisms*, London: Macmillan, pp. 355–73.
Gournay, B., J. F. Kesler and J. Siwek-Pouydesseau. 1967. *Administration publique*, Paris: Presses Universitaires de France.
Grabher, G. and D. Stark. 1998. 'Organizing diversity: evolutionary theory, network analysis and post-socialism', in J. Pickles and A. Smith (eds.), *Theorising transition: the political economy of post-communist transformations*, London: Routledge, pp. 54–75.
Grätz, T. 2002. *Gold mining communities in northern Benin as semi-autonomous social fields*, Haale/Saale: Max Planck Institute for Social Anthropology, working paper no. 36.
Gunder Frank, A. 1971. *Capitalism and underdevelopment in Latin America: historical studies of Chile and Brazil*, Harmondsworth: Penguin.

Halbmayer, E. 2001. 'Socio-cosmological contexts and forms of violence: war, vendetta, duels and suicide among the Yukpa of north-western Venezuela', in B. Schmidt and I. Schröder (eds.), *Anthropology of violence and conflict*, London: Routledge, pp. 49–75.

Hamilton, W. D. 1964. 'The genetical evolution of social behaviour (I and II)', *Journal of Theoretical Biology*, 7: 1–52.

Hampson, N. 1963. *A social history of the French Revolution*, London: Routledge.

Handelman, S. 1994. 'The Russian mafiya', *Foreign Affairs*, 73.2: 83–96.

Hann, C. M. 1990. 'Second economy and civil society', in C. M. Hann (ed.), *Market economy and civil society in Hungary*, London: Frank Cass, pp. 21–44.

2003. 'Civil society: the sickness, not the cure?' *Social Evolution and History*, 2.2: 34–54.

Hardin, G. 1968. 'The tragedy of the commons', *Science*, 162: 1243–8.

Havinden, M. A. 1961. 'Agricultural progress in open-field Oxfordshire', *Agricultural History Review*, 9: 73–83.

Helbling, J. 1999. 'The dynamics of war and alliance among the Yanomami', in G. Elwert, S. Feuchtwang and D. Neubert (eds.), *Dynamics of violence: processes in escalation and de-escalation of violent group conflicts*, Berlin: Duncker and Humblot, pp. 103–15.

Hill, C. 1958. *Puritanism and revolution*, London: Secker and Warburg.

Hilton, R. H. 1962. 'Peasant movements in England before 1381', in E. M. Carus-Wilson (ed.), *Essays in economic history*, vol. 2, London: Arnold, pp. 73–90.

Hobbes, T. 1970. *Leviathan, or the matter, form, and power of a commonwealth, ecclesiastical and civil*, London: Dent (first published 1651).

Hobbs, D., P. Hadfield, S. Lister and S. Winlow. 2003. *Bouncers: violence and governance in the night time economy*, Oxford: Oxford University Press.

Hobsbawm, E. 1992. 'Ethnicity and nationalism in Europe today', *Anthropology Today*, 8.1: 3–8.

Hobsbawm, E. and T. Ranger (eds.). 1983. *The invention of tradition*, Cambridge: Cambridge University Press.

Hoebel, E. A. 1954. *The law of primitive man*, Cambridge, Mass.: Harvard University Press.

Holden, C. and R. Mace. 2003. 'Spread of cattle led to the loss of matrilineal descent in Africa: a coevolutionary analysis', *Proceedings of the Royal Society, London*, 270: 2425–33.

James, W. 2002. 'The anthropological family: from ancestors to affines', Presidential Address distributed with *Anthropology Today*, 18.6.

Jansen, S. 1998. 'Homeless at home: narrations of post-Yugoslav identities', in A. Dawson and N. Rapport (eds.), *Migrant identities: perceptions of 'home' in a world of movement*, Oxford: Berg, pp. 85–109.

2000. 'Victims, rebels, underdogs: discursive practices on resistance in Serbian protest', *Critique of Anthropology*, 20: 393–419.

Kaplan, H. and K. Hill. 1985. 'Food sharing among Ache foragers: tests of explanatory hypotheses', *Current Anthropology*, 26: 223–46.

Kaplan, H., K. Hill and A. M. Hurtado. 1990. 'Risk, foraging and foodsharing among the Ache', in E. Cashdan (ed.), *Risk and uncertainty in tribal and peasant economies*, Boulder, Colo.: Westview, pp. 107–43.

Kaplan, R. D. 1994. 'The coming anarchy: how scarcity, crime, overpopulation, and disease are rapidly destroying the social fabric of our planet', *Atlantic Monthly*, February: 44–76.

Kauffman, S. 1993. *The origins of order: self-organisation and selection in evolution*, Oxford: Oxford University Press.

Keen, I. 1982. 'How some Murngin men marry ten wives', *Man*, 17: 620–42.

Kemp, S. 1932. *Black frontiers: pioneer adventures with Cecil Rhodes' mounted police in Africa*, London: Harrap.

Khilnani, S. 2001. 'The development of civil society', in S. Kaviraj and S. Khilnani (eds.), *Civil society: history and perspectives*, Cambridge: Cambridge University Press, pp. 1–13.

Kingston-Mann, E. 1999. *In search of the true west: culture, economics, and problems of Russian development*, Princeton: Princeton University Press.

2003. 'Deconstructing the romance of the bourgeoisie: a Russian Marxist path not taken', *Review of International Political Economy*, 10: 93–117.

Kropotkin, P. 1972. *Mutual aid: a factor in evolution*, New York: New York University Press (first published 1902).

Kumar, K. 1993. 'Civil society: an enquiry into the usefulness of an historical term', *British Journal of Sociology*, 44: 374–95.

Laland, K. and G. Brown. 2002. *Sense and nonsense: evolutionary perspectives on human behaviour*, Oxford: Oxford University Press.

Lambert, R. 1953. 'Structure agraire et économie rurale de plateau de Levier', *Bulletin de l'Association des géographes français*, 237–38: 170–8.

Laslett, P. 1960. 'Introduction', in J. Locke, *Two treatises of government*, Cambridge: Cambridge University Press, pp. 3–122.

Latouche, R. 1938. 'La fruitière jurasienne au XVIIIième siecle', *Revue de geographie alpine*, 26: 773–91.

Layton, R. 1986. *Uluru: an Aboriginal history of Ayers Rock*, Canberra: Aboriginal Studies Press.

  1989. 'Are sociobiology and social anthropology compatible? The significance of sociocultural resources in human evolution', in R. Foley and V. Standen (eds.), *Comparative socioecology: the behavioural ecology of humans and other mammals*, Oxford: Blackwell, pp. 433–55.

  1995. 'Relating to the country in the Western Desert', in E. Hirsch and M. O'Hanlon (eds.), *The anthropology of landscape: perspectives on place and space*, Oxford: Clarendon Press, pp. 210–31.

  1997. *An introduction to theory in anthropology*. Cambridge: Cambridge University Press.

  2000. *Anthropology and history in Franche Comté: a critique of social theory*, Oxford: Oxford University Press.

  2003. 'Agency, structuration and complexity', in A. Bentley and H. Maschner (eds.), *Complex systems and archaeology*, Salt Lake City: University of Utah Press, pp. 103–9.

Layton, R. and R. Barton. 2001. 'Warfare and human social evolution', in K. Fewster and M. Zvelebil (eds.), *Ethnoarchaeology and hunter-gatherers: pictures at an exhibition*, BAR International Series 955, Oxford: Archaeopress, pp. 13–24.

Layton, R., P. Stone and J. Thomas (eds.). 2001. *Destruction and conservation of cultural property*, London: Routledge.

Leach, E. R. 1954. *Political systems of highland Burma*, London: Bell.

Lebeau, R. 1951. 'Deux anciens genres de vie opposés de la montagne jurasienne', *Revue de géographie de Lyon*, 26: 378–410.

Lee, R. B. 1979. *The !Kung San: men, women and work in a foraging society*, Cambridge: Cambridge University Press.

Lee, R. B. and S. Hurlich. 1982. 'From foragers to fighters: South Africa's militarization of the Namibian San', in E. Leacock and R. B. Lee (eds.), *Politics and history in band societies*, Cambridge: Cambridge University Press, pp. 327–45.

Lem, W. 1999. *Cultivating dissent: work, identity and praxis in rural Languedoc*, New York: State University of New York Press.

Lessinger, J. 2003. '"Religious" violence in India: Ayodhya and the Hindu right', in B. R. Ferguson (ed.), *The state, identity and violence: political disintegration in the post-Cold War world*, London: Routledge, pp. 149–76.

Leutloff-Grandits, C. 2003. 'Coping with economic devastation: agriculture in post-war Knin, Croatia', in C. Hann and the 'Property Relations' Group (eds.), *The postsocialist agrarian question: property relations and the rural condition*, Münster: LIT, pp. 143–70.

Lévi-Strauss, C. 1966. *The savage mind*, London: Weidenfeld and Nicolson (French edition 1962).

1969. *The elementary structures of kinship*, trans. J. H. Bell and J. R. von Sturmer, London: Eyre and Spottiswoode (French edition 1967).

1973. *Tristes tropiques*, trans. J. and D. Weightman, London: Cape (French edition 1955).

Lewis, I. M. 1997. 'Clan conflict and ethnicity in Somalia: humanitarian intervention in a stateless society', in D. Turton (ed.), *War and ethnicity: global connections and local violence*, Rochester, N.Y.: University of Rochester Press, pp. 179–201.

Little, K. 1966. 'The political system of the Poro', *Africa*, 35: 349–65 and 36: 62–71.

Lizot, J. 1977. *Tales of the Yanomami*, Cambridge: Cambridge University Press.

Lloyd, W. F. 1964. 'The checks to population', in G. Hardin (ed.), *Population, evolution and birth control*, San Francisco: Freeman, pp. 337–42 (first published 1833).

Locke, J. 1960. *Two treatises of government*, Cambridge: Cambridge University Press (first published 1689).

Lorenz, K. 1966. *On aggression*, trans. M. Latzke, London: Methuen (German edition 1963).

MacDougall, H. A. 1982. *Racial myth in English history*, London: University Press of New England.
Malinowski, B. 1954. *Magic, science and religion*, New York: Doubleday.
Manson, J. H. and R. W. Wrangham. 1991. 'Intergroup aggression in chimpanzees and humans', *Current Anthropology*, 32: 369–90.
Marshall, L. 1957. 'The kin terminology of the !Kung Bushmen', *Africa*, 27: 1–25.
  1976. 'Sharing, talking and giving: relief of social tensions among the !Kung', in R. B. Lee and I. deVore (eds.), *Kalahari hunter-gatherers: studies of the !Kung San and their neighbours*, Cambridge, Mass.: Harvard University Press, pp. 350–71.
Mary-Rousselière, G. 1984. 'Iglulik', in D. Damas (ed.), *Handbook of North American Indians*, vol. 5, *Arctic*, Washington, D.C.: Smithsonian Institution, pp. 431–46.
Maschner, H. 1997. 'The evolution of northwest coast warfare', in D. L. Martin and D. W. Frayer (eds.), *Troubled times: violence and warfare in the past*, Amsterdam: Gordon and Breach, pp. 267–302.
Maynard Smith, J. 1982. *Evolution and the theory of games*, Cambridge: Cambridge University Press.
McAdam, D., S. Tarrow and C. Tilly. 2001. *Dynamics of contention*, Cambridge: Cambridge University Press.
McCay, B. and J. M. Acheson. 1987. *The question of the commons: the culture and ecology of communal resources*, Tucson: University of Arizona Press.
McGuire, R. 2002. 'Stories of power, powerful tales: a commentary on ancient Pueblo violence', in M. O'Donovan (ed.), *The dynamics of power*, Centre for Archaeological Investigations, occasional paper 30, Carbondale: Southern Illinois University, pp. 126–47.
Mendras, H. and A. Cole. 1991. *Social change in modern France: towards a cultural anthropology of the Fifth Republic*, Cambridge: Cambridge University Press.
Migdal, J. S. 1988. *Strong societies and weak states*, Princeton: Princeton University Press.
Nasar, S. 1998. *A beautiful mind*, London: Faber.
Neel, J. 1980. 'On being headman', *Perspectives in Biology and Medicine*, 23: 277–93.

Neeson, J. M. 1993. *Commoners: common right, enclosure and social change in England, 1700–1820*, Cambridge: Cambridge University Press.

Nelson, R. and S. Winter. 1982. *An evolutionary theory of economic change*, Cambridge, Mass.: Harvard University Press.

Netting, R. McC. 1981. *Balancing on an Alp: ecological change and continuity in a Swiss mountain community*, Cambridge: Cambridge University Press.

Neumann, J. von and O. Morgenstern. 1944. *Theory of games and economic behaviour*, Princeton: Princeton University Press.

Newby, H., C. Bell, D. Rose and P. Saunders. 1978. *Property, paternalism and power: class and control in rural England*, London: Hutchinson.

Nishida, T. 1979. 'The social structure of chimpanzees in the Mahale Mountains', in D. A. Hamburg and E. R. McCown (eds.), *The great apes*, Menlo Park, Calif.: Benjamin/Cummings, pp. 73–122.

Nishida, T., M. Haraiwa-Hasegawa and Y. Takahata. 1985. 'Group extinction and female transfer in wild chimpanzees in the Mahale National Park, Tanzania', *Zeitschrift für Tierpsychologie*, 67: 284–301.

Nishida, T., H. Takasaki and Y. Takahata. 1990. 'Demography and reproductive profiles', in T. Nishida (ed.), *The chimpanzees of the Mahale Mountains: sexual and life history strategies*, Tokyo: University of Tokyo Press, pp. 64–97.

Nowak, M. A. and K. Sigmund. 1998. 'Evolution of indirect reciprocity by image scoring', *Nature*, 393 (11 June): 573–7.

Nugent, D. 1982. 'Closed systems and contradiction: the Kachin in and out of history', *Man* (NS), 17: 508–27.

Orwin, C. S. and C. S. Orwin. 1938. *The open fields*, Oxford: Clarendon Press.

Ostrom, E. 1990. *Governing the commons: the evolution of institutions for collective action*, Cambridge: Cambridge University Press.

Overton, M. 1996. *Agricultural revolution in England: the transformation of the agrarian economy 1500–1850*, Cambridge: Cambridge University Press.

Panter-Brick, C. 1993. 'Seasonal organisation of work patterns', in S. J. Ulijaszek and S. S. Strickland (eds.), *Seasonality and human ecology*, Cambridge: Cambridge University Press, pp. 220–34.

Papadopoulos, R. 2002. 'Destructiveness, atrocities and healing: epistemological and clinical reflections', in C. Covington, P. Williams, J. Arundale and J. Knox (eds.), *Terrorism and war: unconscious dynamics of political violence*, London: Karnac Books, pp. 289–314.

Peters, C. M., A. H. Gentry and R. O. Mendelsohn. 1989. 'Valuation of an Amazonian rainforest', *Nature*, 339: 655–6.

Plumb, J. H. 1990. *England in the eighteenth century*, Harmondsworth: Penguin (first published 1950).

Pottier, J. 1996. 'Relief and repatriation: views by Rwandan refugees; lessons for humanitarian aid workers', *African Affairs*, 95: 403–29.

2001. *Re-imagining Rwanda: conflict, survival and disinformation in the late twentieth century*, Cambridge: Cambridge University Press.

Pratten, D. 1997. 'Local institutional development and relief in Ethiopia: a Kire-based seed distribution programme in North Wollo', *Disasters*, 21: 138–54.

2000. *Return to the roots? Urban networks, rural development and power in Sudan*, University of Edinburgh, Centre of African Studies Occasional Paper 82.

Radcliffe-Brown, A. R. 1952. *Structure and function in primitive society*, London, Cohen and West.

Rao, N. and C. R. Reddy. 2001. 'Ayodhya, the print media and communalism', in R. Layton, P. Stone and J. Thomas (eds.), *Destruction and conservation of cultural property*, London: Routledge, pp. 139–56.

Renfrew, C. 1978. 'Trajectory discontinuity and morphogenesis: the implications of Catastrophe Theory for archaeology', *American Antiquity*, 43: 203–21.

Reyna, S. P. 2003. 'A Cold War story: the barbarization of Chad (1966–91)', in R. B. Ferguson (ed.), *The state, identity and violence: political disintegration in the post-Cold War world*, London: Routledge, pp. 261–84.

Richards, P. 1996. *Fighting for the rain forest: war, youth and resources in Sierra Leone*, London: International African Institute. (Page references are to the 1999 edition.)

Ridley, M. 1996. *The origins of virtue*, London: Viking.

Rodseth, L., R. W. Wrangham, A. M. Harrigan and B. B. Smuts. 1991. 'The human community as a primate society', *Current Anthropology*, 32: 221–54.

Rosenberg, H. G. 1988. *A negotiated world: three centuries of change in a French alpine community*, Toronto: University of Toronto Press.

Rosman, A. and P. G. Rubel. 1971. *Feasting with mine enemy: rank and exchange among northwest coast societies*, New York: Columbia University Press.

Rousseau, J. J. 1963. *The social contract and discourses*, ed. G. D. H. Cole, London: Dent (first published 1755).

Ruby, J. 2000. 'Tierney's claims about Tim Asch', *Anthropology News*, December: 7.

Sahlins, M. 1974. *Stone age economics*. London: Tavistock.
  1976. *The use and abuse of biology: an anthropological critique of sociobiology*, Ann Arbor: University of Michigan Press.

Sampson, S. 1996. 'The social life of projects: importing civil society to Albania', in C. Hann and E. Dunn (eds.), *Civil society: challenging Western models*, London: Routledge, pp. 121–42.

Schlee, G. 2002. 'Regularity in chaos: the politics of difference in the recent history of Somalia', in G. Schlee (ed.), *Imagined differences: hatred and the construction of identity*, Münster: LIT, pp. 251–80.
  2004. 'Taking sides and constructing identities: reflections on conflict theory', *Journal of the Royal Anthropological Institute* (NS), 10: 135–56.

Schwandner-Sievers, S. 1999. 'Humiliation and reconciliation in Northern Albania: the logics of feuding in symbolic and diachronic perspectives', in G. Elwert, S. Feuchtwang and D. Neubert (eds.), *Dynamics of violence: processes in escalation and de-escalation of violent group conflicts*, Berlin: Duncker and Humblot, pp. 133–52.

Scott, J. 1976. *The moral economy of the peasant: rebellion and subsistence in Southeast Asia*, New Haven: Yale University Press.

Seligman, A. 1992. *The idea of civil society*, Princeton: Princeton University Press.

Sillitoe, P. 1977. 'Land shortage and war in New Guinea', *Ethnology*, 16: 71–81.
  1978. 'Big Men and war in New Guinea', *Man* (NS), 13: 252–71.

Smith, A. and J. Pickles. 1998. 'Introduction: theorising transition and the political economy of transformation', in J. Pickles and A. Smith (eds.), *Theorising transition: the political economy of post-communist transformations*, London: Routledge, pp. 1–22.
Smith, E. A. 1988. 'Risk and uncertainty in the "original affluent society": evolutionary ecology of resource-sharing and land tenure', in T. Ingold, J. Woodburn and D. Riches (eds.), *Hunters and gatherers: history, evolution and social change*, Oxford: Berg, pp. 222–51.
Song, M. 2003. *Choosing ethnic identity*, Cambridge: Polity Press.
Spencer, H. 1972. *Herbert Spencer on social evolution: selected writings*, ed. J. D. Y. Peel, Chicago: University of Chicago Press.
Spencer, P. 1965. *The Samburu: a study of gerontocracy in a nomadic tribe*, London: Routledge.
Spülbeck, S. 1996. 'Anti-semitism and fear of the public in a post-totalitarian society', in C. Hann and E. Dunn (eds.), *Civil society: challenging Western models*, London: Routledge, pp. 64–78.
Stanner, W. E. H. 1960. 'Durmugan, a Nangiomeri', in J. Casagrande (ed.), *In the company of man*, New York: Harper, pp. 64–100.
Stewart, I. 1997. *Does God play dice? The new mathematics of chaos*, Harmondsworth: Penguin.
Swain, N. 1992. *Hungary: the rise and fall of feasible socialism*, London: Verso.
Taçon, P. and C. Chippindale. 1994. 'Australia's ancient warriors', *Cambridge Archaeological Journal*, 4: 211–48.
Tanner, M. 1997. *Croatia: a nation forged in war*, New Haven: Yale University Press.
Taylor, C. 1999. *Sacrifice as terror: the Rwandan genocide of 1994*, Oxford: Berg.
Tester, K. 1992. *Civil society*, London: Routledge.
Tierney, P. 2000. *Darkness in El Dorado*, New York: Norton.
Tilly, C. 1981. *As sociology meets history*, New York: Academic Press.
Trivers, R. 1985. *Social evolution*, Menlo Park, Calif.: Benjamin/Cummins.
Turton, D. 1997. 'Introduction: war and ethnicity', in D. Turton (ed.), *War and ethnicity: global connections and local violence*, Rochester, N.Y.: University of Rochester Press, pp. 1–45.

Twemlo, S. and F. Sacco. 2002. 'Reflections on the making of a terrorist', in C. Covington, P. Williams, J. Arundale and J. Knox (eds.), *Terrorism and war: unconscious dynamics of political violence*, London: Karnac Books, pp. 97–123.
Tylor, E. 1903. *Primitive culture*, 4th edn., London: Murray.
Valen, L. van. 1973. 'A new evolutionary law', *Evolutionary Theory*, 1: 1–30.
Verderey, K. 1999. *The political lives of dead bodies*, New York: Columbia University Press.
Verdon, M. 1982. 'Where have all the lineages gone? Cattle and descent among the Nuer', *American Anthropologist*, 84: 566–79.
Viazzo, P. P. 1989. *Upland communities*, Cambridge: Cambridge University Press.
Vickery, W. L., L.-A. Giraldeau, J. Templeton, D. Kramer and C. Chapman. 1991. 'Producers, scroungers, and group foraging', *American Naturalist*, 137: 847–63.
Vucho, A. 'Beyond bombs and sanctions', in C. Covington, P. Williams, J. Arundale and J. Knox (eds.), *Terrorism and war: unconscious dynamics of political violence*, London: Karnac Books, pp. 51–67.
Vulliamy, E. 1994. *Seasons in Hell: understanding Bosnia*, London: Simon and Schuster.
Waal, A. de. 1989. *Famine that kills*, Oxford: Clarendon Press.
Waal, F. de. 1989. *Peacemaking among primates*, Cambridge, Mass.: Harvard University Press.
Wallerstein, I. 1974. *The modern world-system*, New York: Academic Press.
Weber, M. 1947. *The theory of social and economic organisation*, trans. A. R. Henderson and T. Parsons, London: Hedge and Co. (first published 1925).
Wedel, J. R. 1998. *Collision and collusion: the strange case of Western aid to Eastern Europe 1989–1998*, New York: St. Martin's Press.
Whitaker, I. 1968. 'Tribal structure and national politics in Albania', in I. M. Lewis (ed.), *History and social anthropology*, London: Tavistock, pp. 253–93.
White, J. 1996. 'Civic culture and Islam in urban Turkey', in C. Hann and E. Dunn (eds.), *Civil society: challenging Western models*, London: Routledge, pp. 143–53.

Wilson, D. and C. Game. 1994. *Local government in the United Kingdom*, Basingstoke: Macmillan.

Wilson, M., W. Wallauer and A. Pusey. 2004. 'New cases of intergroup violence among chimpanzees in Gombe National Park, Tanzania', *International Journal of Primatology*, 25: 523–49.

Winterhalder, B. 1996. 'Social foraging and the behavioural ecology of intragroup resource transfers', *Evolutionary Anthropology*, 5.2: 46–57.

Wrangham, R. and D. Peterson. 1996. *Demonic males: apes and the origins of human violence*, London: Bloomsbury.

Zubaida, S. 2001. 'Civil society, community, and democracy in the Middle East', in S. Kaviraj and S. Khilnani (eds.), *Civil society: history and possibilities*, Cambridge: Cambridge University Press, pp. 232–49.

索 引

雷·亚伯拉罕 99
阿切 62
詹姆斯·艾奇逊 36,37,61
风俗法(印度尼西亚传统法) 116,150
萨德尔丁·阿迦汗 104
能动性,能动者 3,69,70,84,85,87
农业起源 144
阿尔巴尼亚 87,109,112,120,147,149
利他主义 30,47,53,54,58,60-62,85,137,141-143,152
亲族选择 53,94
互惠 21,30,37,44,46,52,58,60-62,69-71,76,82,83,85,86,106,115,137,142,143,145,152,154
安汶(印度尼西亚) 116,117,149
美国人类学协会特别工作组 137
无政府(或混乱) 2,5,44,57,69,71,85,87,90,98,106,146,151,152
罗伯特·阿德里 125
菲利波·奥雷利 130

澳大利亚原住民 40,54,62,132,143
南方古猿 125
罗伯特·阿克塞尔罗德 59,86
阿约提亚 2,118
弗雷德里克·巴尔特 114,118
罗伯特·巴顿 130
乔治·巴斯拉 77
行为生态学(社会生态学) 44,76,83,85
弗朗兹·冯·本达-贝克曼 93,94
基伯·冯·本达-贝克曼 116,117,149

贝宁(金矿开采地) 63,66,68
以赛亚·柏林 46
大人物(在新几内亚的) 145,146,154
克里斯托弗·博希姆 128
波斯尼亚 2,105,107,115,119,120,151
保镖 64,65
皮埃尔·布迪厄 83

索 引

拼装　121
班约罗　93
官僚制,官僚政府　87,89,91,103,122
蝴蝶效应　101

寒武纪爆发　74
灾难性变迁　99
乍得(另见内战)　69,90,103,104,150,151
拿破仑·夏依　44,126,128,131,133-148
切特尼克人　119
黑猩猩　6,124-132,143,153,156
-和解　45,116,130,147,150,154
-领土　31,48,125-127,140-142,146
-暴力　2,6,7,20,48,63,65,68,82,87,96-99,101,102,107,108,113,116-118,122,124,125,127-130,132,133,136-139,144,146,148-152,155,156
基督徒　96,116,117
市民社会　1-4,6,8-19,21,22,24-27,29-31,34,35,38-43,46,47,51,65,67-69,72,77,80,82,83,85-87,91,93,95-98,100,102,107,108,112-114,116,122,143,145,146,148,152-155
-反抗国家　100
-关于市民社会的定义　2-4,8-42
-圈地运动　1,3,13,27,34,35,38,39,93,96
-市民社会在非洲　98,100,107,113
-市民社会在伊斯兰社会　22,96
-市民社会在中世纪　11,12,29,31,112
-市民社会在无国家社会中(另见因纽特人)　48,51,68
内战　23,34,46,69,86,90,96,103,104,107,108,116,133,150-152,156
-乍得　69,90,103,104,150,151
-印度尼西亚　87,115-117,149
-塞拉利昂　90,97,104,108,147
-索马里　20,52,87,103,107,109-111,121,150,151
-苏丹　20,85,95,96,103,108,151
氏族(另见继嗣群;世系群)　20,55,101,110-112,121,132,147,151
共同进化　74,101
集体农场　80
殖民地国家　89
计划经济　82,99
公地(另见财产,集体;公地悲剧)　5,35-38,60,61,93,95
奥古斯特·孔德　28
冲突　2,6,18,47,57,75,83,85,92,97-100,102,114,115,118,119,121,122,124,129,130,132-136,144-147,149-151,156
西蒙·康韦·莫里斯　73,136
合作　2,3,15,30,37,40,44,46,48,52,53,55,58-63,66,67,70,71,

74,76,80-83,85,87,95,99,100, 106,107,115,130,136,142,147, 152,153,155
-亲属之间　48,52-55,67,81
-背叛(另见囚徒困境)　58-61,106, 108,112,137
-执法能力　65
-合作的进化　40,44,58,142
合作社,生产者　15,81,99
莱达·科斯米德斯　76,134-136
表亲,交表,平表　55,142
克罗地亚　2,17,18,106,119,120, 151

查尔斯·达尔文　4,153
达尔文主义进化论(另见进化,达尔文主义)　3-6,36,46,52,70,77-80,153
理查德·道金斯　73,77
贝特·丹尼奇　31,105
依赖理论　72
继嗣群(另见氏族;世系群)　20,94
马克·达菲尔德　72,91,95
威廉·达勒姆　77,78
埃米尔·涂尔干　45
-文化习得　75
-社会制度的属性　28,80,84
-关于自杀　136,153
拉达·戴森-赫德森　36
(系统的)突生特质　78
圈地运动　1,3,13,27,34,35,38,39, 93,96

启蒙运动(欧洲)　3,9,19,22,45
流行病模型(用于传播文化特征)　78
种族,种族认同　112,115,117
社会进化　4,5,25,29,36,43,56,70, 78,124
-达尔文主义　4,5,36,70,73,85
-进步　4,28,38,39,70,72,79,88, 89,113
经济学的进化论　72
进化心理学　6,75,76,134,135

亚当·弗格森　3,4,9,24,43,143, 145,152,154
布赖恩·弗格森　97
世仇　112,156
迈克尔·费希尔　135
适应度景观　6,70,73,74,77,79,85, 86,91,98-100,120
-社会(另见经济学的进化论)　72
米歇尔·福柯　45
法国,乡村社会　1,11,19,32,36,67, 81,93,95
搭便车　5,36,37,47,60,61,65-69, 80,82,95,142,143,152
发现搭便车者　37,47,60,95,143, 152
社会失序　2,6,86
功能主义　46,47
克莱夫·甘布尔　131
博弈论(另见零和博弈与非零和博弈)　5,37,56,57,61,69,72-74,83-85,87,106,114,121,142,155

-融合社会理论和生物理论 5,45,57,73,75
-博弈论的限制 106,121,142
-预测合作结束 37,53,59,61,63,66,81,85,87,95,99,106,115,130
克利福德·格尔茨 76,135
欧内斯特·盖尔纳 3,8,9,51,93
-市民社会和市场经济 3,8,14,39,82,93
-定义民间社会 9,12,18
-前现代市民社会 10,19-21
"自私的"基因 10,67
地质革命 4
加纳 95
安东尼·吉登斯 4,69,83
交换礼物 60,131
全球经济 72,75,91,106
全球化 6,72,86,91,92
淘金热,约翰内斯堡 49-51,61,63,66,68,152
贡贝 126,127
珍·古道尔 125
杰克·古迪 13,14,100
阿尔文·古尔德纳 10
传统政府 31,88,89
-官僚政治(另见官僚主义) 87,88,91,103,122
绿色革命 78
群体选择 47,141
惯习 66,84,90
威廉·汉密尔顿 52,94
克里斯·汉恩 14

加勒特·哈丁 35,44,47,93
朱尔格·赫尔布林 137
克里斯托弗·希尔 33
印度教民族主义 105
托马斯·霍布斯 5,23,43,152
埃里克·霍布斯鲍姆 115,121
亚当森·霍贝尔 49
大屠杀 105,107,119
园艺社会 143
匈牙利 17,81,99,100
狩猎采集者(另见阿切;澳大利亚原住民;因纽特人;昆族;领地性,西北海岸;在北美西北海岸的战争) 20,29,46,54,62,76,128,130-132,141,142,144,148
包容性适应 53,94
印度 2,14,87,92,98,105,107,115,117,118
印度尼西亚(另见安汶) 87,115-117,149
工业革命 75,96
杀婴 140
国际货币基金组织 92
因纽特人 48,51,68
易洛魁人同盟 27,55

克钦 99,100
加隆(阿尔巴尼亚法典) 112,113
罗伯特·卡普兰 123,124
卡里莫宗 36,37
斯图尔特·考夫曼 73,100,136
萨姆·肯普 49

肯尼亚　97,111
埃斯特尔·金斯敦-曼　94
亲属选择（另见利他主义）　53,54,
　　62,142
-亲属关系　45,51,52,54,55,62,63,
　　76,77,87,107,108,113,114,121,
　　122,143,146,153
-拟制亲属关系　62,63,76,77
彼得·克鲁泡特金　2,32
克里尚·库玛　15
昆族　20,27,148,149
法律（见印度尼西亚风俗法；因纽特
　　人；加隆）　13,23,26,30,32,33,
　　45,66,88,90,93,97,101,107,113
埃德蒙·利奇　99
理查德·李　20,149
约翰娜·莱辛格　92,105
平权者　33
克洛德·列维-斯特劳斯　107,121
约安·刘易斯　111
世系群（另见氏族；继嗣群）　20,28,
　　37,86,90,98,109-112,121,122,
　　131,137,142,143,150
威廉·劳埃德　35
约翰·洛克　3,5,9,23-31,42,44,
　　58,60,65,68,82,152,154
松散分子（失业的年轻男性）　87,
　　105,106,122
康拉德·洛伦茨　125
抽签　67
玛哈拉　126,127
布罗尼斯拉夫·马林诺夫斯基　46

卡尔·马克思　6-9,30,32,40,75
赫伯特·马施纳　6,132
约翰·梅纳德·史密斯　72
道格拉斯·麦克亚当　102,106
邦妮·麦凯　36
兰德尔·麦奎尔　133
模因（习得的行为模式）　77
墨西哥　78,94,96,97
乔尔·米格代尔　94,101
乔纳森·米勒　129
米尔（俄罗斯乡村公社）　40,94
现代性（现代主义）　19,25
奥斯卡·摩根斯坦　57
摩门教　80,99,100
穆斯林　92,96,105,115-118,120,
　　151
互助　3,10,86,106,114,153

西尔维亚·纳萨尔　57
约翰·纳什　58-60,151
纳什均衡　151
人类的自然状态（另见自然状态）　3,
　　5,25,43,44
詹姆斯·尼尔　134
理查德·纳尔逊　75
社会网络　115,131,132
约翰·冯·诺依曼　6,57,69
非政府组织　22,102
尼日利亚　90
夜间经济　64,69
西田康成　125
努尔　20,52,96,108,109,128

索 引 181

开放地,敞地 33-40
埃莉诺·奥斯特罗姆 36,61
塔尔科特·帕森斯 46
牧民,游牧民族 55,96,109,128
庇护 90,91,98,122,123,156
和平谈判 147,151
戴尔·彼得森 124
杂色鹬鸻 125
波兰 14,16-18
人口密度 104,141,145
原生纽带 38
囚徒困境 5,37,58,59,62,85,106,
　108,122,137,155
私有化 10,34,36,79,80,86,93,94,
　96,97,122,147,148,155
-财产 2,24-30,34,36,38,39,44,
　45,48,61,66,79,81,93,94,96,
　110,112,113
-集体 16,21,29,32,35-37,46,59,
　66,80,93,94
-个人所有权 95
普鲁士 46
普韦布洛(美洲原住民)社会 40,133
阿尔弗雷德·拉德克利夫-布朗 47,
　83
雨林的价值 78,133,145
南迪尼·拉奥和拉马诺哈尔·雷迪
　115,118
理性行动和适应 42,72
红桃皇后(共同进化模型) 101
邻近解脱 131
科林·伦弗鲁 100

史蒂芬·雷纳 90
保罗·理查兹 90
人的权利 38,55
拉尔斯·罗德斯 130
让-雅克·卢梭 3,24-26,29,101
俄罗斯(另见米尔) 2,10,40,94,97,
　106,147,148
卢旺达 97,105,115,119,154

马歇尔·萨林斯 54
萨拉卡萨尼 54
李峻石 20,103,107,110,111,121
斯蒂芬妮·施万德纳-西弗斯 112,
　147,149
詹姆斯·斯科特 78
吃白食(另见搭便车) 61,82
(冰河期后的)海平面 132,141,144
自助 3,10,26,49

利己主义 30,47,60
-作为社会关系的动力 30,47
-在市场经济中 60
亚当·塞利格曼 3,8,24,51,93
塞尔维亚 2,17,18,105,106,119
塞拉利昂 90,97,104,108,147
保罗·西利托 124,145
亚当·斯密 38,59,74,94
埃里克·奥尔登·史密斯 5,36,131
社会契约 6,23,25,86,88,102,117
社会生物学 36,54,133-135
社会生态学(另见行为生态学) 5,
　36,44

索马里 20,52,87,103,107,109–111,121,150,151
有限主权 68,82
苏联（另见俄罗斯） 10,40,58,80,94,102,148,150
西班牙,乡村社会 66
赫伯特·斯宾塞 28,45,71–73,88
莱斯利·施蓬泽尔 134
自然状态（另见人类的自然状态） 3,24–27,43,44,58,60,63,65,68,82,143,145
-弱国 9,98,102
结构调整计划 86,91,105
结构化 69,71,73,74,82,85
苏丹 20,85,95,96,103,108,151
自杀 50,136,153
瑞士,乡村社会 21,32,37,66,67

塔西佗 33,34
克里斯托弗·泰勒 105
领地性 125,130
-黑猩猩 6,124–132,143,153,156
-狩猎采集者 20,29,46,54,62,76,128,130–132,141,142,144,148
-西北海岸 132,141,144
恐怖活动,恐怖主义 107,108,136,137
基思·特斯特 3,24
帕特里克·蒂尔尼 133
一报还一报 60
亚历克西斯·德·托克维尔 16
容忍盗窃 61

约翰·图比 76,134
公地悲剧 47
罗伯特·特里弗斯 52,61
特罗布里恩岛 46
土耳其 17,21,112,147,149
奥斯曼帝国,土耳其人 17,94,112,147,149
特里·特纳 134,135
乌干达 89
-欠发达 90
-失业（另见松散分子） 102,104,105,111,115,122
联合国 103,104
尤诺凯（亚诺玛米） 128,138–140,152
乌斯塔莎 119

利·范·瓦伦 5,74
亚历山大·沃乔 92
亚历克斯·德瓦尔 85
战争 1–3,5–7,33,44,59,63,71,82,97,104,105,124–126,128,129,132,133,135–137,140,141,143–146,148,149,151–154
-适应性意义 136
-在复杂的社会中 146
-在巴布亚新几内亚 135,145
-在北美西北海岸 132,141,144
-战争的起源 132
马克斯·韦伯 28,30,88
西德尼·温特 75,77
布鲁斯·温特豪德 5,61

世界贸易中心　136
理查德·兰厄姆　124,126-129,137,146

亚诺玛米（另见尤诺凯）　55,126,128,131,133,134,136-143,146,148,152,153
-利他主义　30,47,53,54,58,60-62,85,137,141-143,152
-商品交易的影响　131,134,137,148
-婚姻　23,26,55,126,142,143,145
-领地性　125,130,140
南斯拉夫　8,17,18,31,42,87,91,92,102,106,115,118,119,154

尤帕族　133,140

赞比亚　15
零和博弈与非零和博弈　5,37,56,57,61,69,72-74,83-85,87,106,114,121,142,155

译后记

　　罗伯特·莱顿教授的主要田野工作分别在法国、澳大利亚,以及中国开展,因此他的研究可以说横跨南北半球,具有"基于地方性"的"超地方性"比较视野。同时,莱顿教授的研究也具有很强的跨学科特点,而本书可以说是结合生物人类学与社会文化人类学的典范。

　　虽然本书是在他开展中国研究前完成的一部作品,但其讨论的主旨则无疑对我们理解中国的民间社会组织具有重要意义。自20世纪80年代以来,我国学界针对"市民社会"议题便有诸多讨论,这些讨论中,大多是围绕着资本主义市场经济条件下的"市民社会"概念展开,即认为市民社会只在资本主义市场经济的独特条件下存在,因此,在将这样一个西方中心主义的概念植入正在走市场化道路的中国社会时,便难免出现水土不服。而最近这些年,学界也出现了许多尝试破除这一西方中心视角的"市民社会"相关研究,比如聚焦于商会、工会、同乡会等各种中国本土"市民社会"组织的经验研究,都旨在发现区别于资本主义市场经济条件下的"市民社会"组织。莱顿教授无疑也以反西方中心主义为基本立场,将人类社会中各种形态的"市民社会"都纳入对社会组织形式的考量之中,提出一个更为广义的"市民社会"定义,即"市民社会"是指包括所有占据家户与国家之间空间的社会组织,这些社会组织使人们能够协调对资源和活动的管理。根据这样的广义"市民社会"概念,毫无疑问,我们人类社会不同的文明中,在不同的历史阶段,都普遍存在着各种各样类型的"市民社会"。

莱顿教授沿袭洛克与弗格森的市民社会概念,认为"人们出于自身利益而建立关系并构成了市民社会"。通过检视不同文明、不同历史阶段中的市民社会形态,作者指出,市民社会是否被视为"好事",取决于社会秩序的特征以及评价者的立场。比如,政治高压的国家中,市民社会也许发挥着促进人权的重要作用。但是,许多案例表明,在一个多民族国家经历经济困难时,市民社会中的派系之争也能毁掉许多公民的生活。因此,市民社会本身并非在进化论意义上"更优势、更文明"的存在,也不存在一种普遍意义上"最好的或发展最快的"社会制度。

同时,本书最大的启示还包括,作者通过运用社会生态学理论,检视暴力在人类进化过程中扮演的角色,并指出,社会制度源于社会行动者所采取的不同文化策略进行的不同的互动,而全球化与殖民主义无疑破坏了不同文明原来相对平衡的社会与经济景观,对许多第三世界国家形成了具有破坏性并且难以抵御的影响。在这个意义上,本书不仅持有对西方殖民主义的批判立场,对以西方为主导的全球化亦有深刻批评。

将本书引入汉语世界,不仅在经验与比较意义上,有益于我们理解在人类历史上出现过的不同形态的市民社会组织;更在理论意义上,有益于我们理解市民社会的运行逻辑。最后,我们非常感谢莱顿教授授予我们很大的空间,对本书进行适宜的改动,包括对标题的改动,以便中文读者阅读这部作品。

纳日碧力戈　魏澜

2021 年 11 月 11 日

图书在版编目(CIP)数据

秩序、失序与战争：社会适应与社会信任／(英)罗伯特·莱顿(Robert Layton)著；魏澜，纳日碧力戈译.—上海：上海社会科学院出版社，2022
ISBN 978-7-5520-3717-3

Ⅰ.①秩… Ⅱ.①罗… ②魏… ③纳… Ⅲ.①社会学 Ⅳ.①C91

中国版本图书馆 CIP 数据核字(2021)第 223190 号

This is a Chinese edition of the following title(s) published by Cambridge University Press:
Order and Anarchy: Civil Society, Social Disorder and War, ISBN 9780521857710
© Robert Layton 2006
This Chinese edition for the People's Republic of China (excluding Hong Kong, Macau and Taiwan) is published by arrangement with the Press Syndicate of the University of Cambridge, Cambridge, United Kingdom.
© Cambridge University Press and Shanghai Academy of Social Sciences Press 2021
This Chinese edition is authorized for sale in the People's Republic of China (excluding Hong Kong, Macau and Taiwan) only. Unauthorised export of this Chinese edition is a violation of the Copyright Act. No part of this publication may be reproduced or distributed by any means, or stored in a database or retrieval system, without the prior written permission of Cambridge University Press and Shanghai Academy of Social Sciences Press.
Copies of this book sold without a Cambridge University Press sticker on the cover are unauthorized and illegal.
本书封面贴有 Cambridge University Press 防伪标签，无标签者不得销售。
此版本仅限在中华人民共和国境内(不包括香港、澳门特别行政区及台湾省)销售。
上海市版权局著作权合同登记号：图字 09-2021-0049

秩序、失序与战争：社会适应与社会信任

著　　者：［英］罗伯特·莱顿
译　　者：魏　澜　纳日碧力戈
责任编辑：王　睿
装帧设计：夏艺堂艺术设计＋夏周 xytang@vip.sina.com
出版发行：上海社会科学院出版社
　　　　　上海顺昌路 622 号　邮编 200025
　　　　　电话总机 021-63315947　销售热线 021-53063735
　　　　　http://www.sassp.cn　E-mail: sassp@sassp.cn
排　　版：南京展望文化发展有限公司
印　　刷：上海盛通时代印刷有限公司
开　　本：890 毫米×1240 毫米　1/32
印　　张：6.5
字　　数：147 千
版　　次：2022 年 2 月第 1 版　2022 年 11 月第 2 次印刷

ISBN 978-7-5520-3717-3/C·211　　　　定价：48.00 元